Inhalt

Vorwort

Unser tieferes, wahres Selbst, kann, so C.G. Jung, uns Menschen wie ein Du gegenübertreten. Es begleitet uns ein Leben lang, „wie man früher glaubte, dass ein Schutzengel uns durchs Leben begleitet" (Riedel 2000, 11f.). Dieses tiefere, wahre Selbst in uns ist für mich unsere Seele. Sie begleitet uns wie ein Engel und will, dass wir immer mehr uns „auf das hin entwickeln, was durch unser innerstes Wesen in uns angelegt ist" (ebd.).

Zu wissen und schließlich daran zu glauben, dass ich in der Seele eine Begleiterin habe, die weit mehr, als es mein bewusstes Ich vermag, um mich weiß, und die will, dass ich das mir zugedachte Leben wirklich lebe, ist für mich eine wichtige Entdeckung in meinem Leben. Es bedurfte einiger Zeit, bis ich diesem Engel in mir, meiner Seele, trauen konnte. Auch jetzt gibt es Situationen und Momente, in denen mir das schwer fällt. Doch im Letzten traue ich diesem Engel in mir, verlasse ich mich auf ihn.

Ich durfte erfahren, dass ich nicht enttäuscht werde, wenn ich mich meiner Seele überlasse. Sie macht es mir nicht unbedingt leichter im Leben, manchmal sogar schwerer. Sie erspart mir auch nicht Enttäuschungen und andere leidvolle Erfahrungen. Doch ich kann mich bedingungslos auf sie verlassen, auch dann – und vielleicht vor allem dann –, wenn ich glaube, mit meiner Weisheit am Ende zu sein. Spätestens dann übernimmt sie die Führung in meinem Leben, wenn ich sie ihr überlasse, ich mich ganz ihr überlasse.

Die folgenden Ermutigungen wollen dir Mut machen, der Seele in deinem Leben die Führung zu überlassen. Sie ist dein Schutzengel, der um dich weiß und um dich besorgt ist. In ihm begegnest du deinem tieferen Du, das dich ein Leben lang begleitet, um in der Begegnung mit dir selbst, in der Begegnung mit deinen Mitmenschen und schließlich in der Begegnung mit Gott, dein Leben zu beseelen.

Rainer Auer, Anne Diekmann-Spielmann, Barbara Walser danke ich für wichtige Hinweise, Magdalena Sandler für das sorgfältige Gegenlesen des Manuskriptes. Ich widme dieses Buch meiner Frau.

Wunibald Müller

Du bist liebenswert

*Ich finde eine ungeheuere Freude darüber, ein M e n s c h
zu sein, einer Gattung von Lebewesen anzugehören, in der
Gott selbst Fleisch geworden ist. Zwar könnten mich die
Schmerzen und Absurditäten, denen wir Menschen ausgesetzt sind, überwältigen, aber jetzt erkenne ich deutlich, was
wir in Wirklichkeit alle sind: könnte doch nur jeder das
erkennen! Aber man kann es nicht erklären. Es gibt einfach
keine Möglichkeit, den Menschen zu sagen, dass sie alle wie
strahlende Sonnen durch die Welt laufen.*

Thomas Merton

Virginia Satir muss eine großartige Psychologin und Therapeutin gewesen sein. Als ich in den USA studierte, hörte ich sehr bald von ihr, und
einmal war ich nahe daran, an einem Workshop von ihr teilzunehmen.
Doch irgendwie klappte es nicht. So ist es ein Video über sie, und es sind
ihre Bücher, die den großartigen Eindruck von ihr bei mir hinterlassen.
Ich erinnere mich jetzt noch sehr lebendig an die Zeit, als ich ihr Buch
Peoplemaking las. Ich hatte das Buch auf einen Wochenendausflug mit-
genommen, den ich zusammen mit Studenten im Yosemite-Park in Kali-
fornien verbrachte. Da ich meinen Fuß verstaucht hatte, konnte ich
nicht mit den anderen wandern gehen. Ich besann mich auf meine Lek-
türe und begann zu lesen. Ich habe seitdem kein Buch gelesen, das mich
so direkt und persönlich ansprach wie Virginia Satirs *Peoplemaking*. Ich
sehe mich noch heute, wie ich dasitze, das Buch zugeklappt neben mir,
fassungslos, staunend und betroffen zugleich. Ich hatte in diesem Buch
Virginia Satirs Überlegungen über das Selbstwertgefühl gelesen, und mir

fiel es wie Schuppen von den Augen: Was mich im Augenblick bewegte und Anlass zu viel Not und Problemen war, wurde auf dem Hintergrund ihrer Darlegungen zum Selbstwertgefühl für mich zum ersten Mal verständlich. Seitdem hat mich dieses Thema nicht mehr in Ruhe gelassen, und ich habe die Erfahrung gemacht, dass viele Nöte und Probleme der Menschen, die meine Hilfe suchen, in einem Zusammenhang mit ihrem Selbstwertgefühl zu sehen sind.

Virginia Satir vergleicht ein gesundes Selbstwertgefühl mit einem vollen Pott, im Unterschied zu einem geringen Selbstwertgefühl, für das sie das Bild des leeren Gefäßes gebraucht. Unser Selbstwertgefühl ist dabei ihrer Ansicht nach einem Fundament, einem Angelpunkt oder Eckstein in uns vergleichbar. Von der Beschaffenheit dieses Fundamentes hängt es ab, wie wir durch das Leben gehen, wie wir in Beziehung zu uns selbst, zu anderen, zu Gott treten.

Habe ich ein geringes Selbstwertgefühl, dann erachte ich mich selbst für wertlos und nicht liebenswert. Ich habe dann von mir selbst eine geringe Meinung bis dahin, dass ich mich verachte. Ich vermag nicht wirklich „Ja" zu mir zu sagen, mich anzunehmen. Weil ich mich aber für gering und wertlos erachte, getraue ich mich auch nicht, auf meine Mitmenschen zuzugehen, mich ihnen zuzumuten. Ich sterbe z. B. fast vor Sehnsucht nach der Frau, die ich liebe, wage es aber nicht, ihr meine Liebe zu gestehen. Ich schleiche mich an den Menschen vorbei, verdrücke mich in eine Ecke, statt mich vor sie hinzustellen oder in die Mitte zu treten. Ich halte mich, meine Gedanken, meine Wünsche, mein Wissen, meine Talente zurück. Auch Gott gegenüber sehe ich mich nur als den armen Sünder und Versager, der in seinen Augen nichts wert sein kann.

Habe ich ein positives Selbstwertgefühl, vermag ich mich anzunehmen, kann ich „Ja" zu mir sagen und empfinde mir selbst gegenüber gute, herzliche, warme Gefühle. Ich traue und vertraue mir. Für den Entwicklungspsychologen Eric Erikson steht ein positives Selbstwertgefühl für Selbstvertrauen. Alfred Adler spricht von der positiven Selbsteinschätzung. Entscheidend ist: Ich habe zu mir selbst, zu meinem Selbst eine gute Beziehung. Das aber ist die Voraussetzung dafür, um auch zu anderen Menschen und schließlich zu Gott in eine gute, tragfähige Beziehung treten zu können. Jetzt muss ich mich nicht verkriechen. Ich gehe auf die andere Person zu, im Bewusstsein und in der inneren Gewissheit, wertvoll und liebenswert wie ich bin, sie durch meine Anwesenheit bereichern zu können. Gott gegenüber weiß ich, dass ich ein fehlerhafter Mensch und ein Sünder bin. Doch ich kann ihm aufrecht gegenübertreten im Bewusstsein und im Erfahren meiner Würde. Ich kann zu ihm sagen: „Du, mein Gott, ich bin nicht würdig, dass du eintrittst unter mein Dach", *weil* ich um meine Würde und um meinen Wert weiß. Dabei ist mir sehr wohl bewusst, dass bei aller grundsätzlichen Würde, die mir zukommt, es ein unsagbares und unverdientes Privileg bedeutet, dass Gott bei mir einkehrt.

Viele verwechseln die Liebe zu sich selbst mit Egoismus. Ihnen ist beigebracht worden, dass sich selbst zu lieben etwas Negatives, Egoistisches sei, das es zu überwinden gilt. In Wirklichkeit, so Elisabeth Kübler-Ross (in: Carlson/Shield 1995, 135), verhält es sich gerade anders herum. Menschen, die sich selbst schätzen, die eine echte Liebe für sich selbst empfinden und spüren, erleben sich als genährt und vollständig. „Sie haben etwas übrig für andere Menschen." Wenn du dich selbst ganz zu lieben vermagst und wenn du weißt, dass es in Ordnung ist, dass du unvollkommen bist, so Elisabeth Kübler-Ross, nährst du deine Seele Tag für Tag. Du nimmst dich dann so an, wie du bist – du und deine Seele sind eins.

Die zentrale Bedeutung der Annahme meiner selbst als Selbstliebe wird in folgenden Worten von Meister Eckehard (in: Fromm 1978, 89) deutlich:

> „Hast du dich selbst lieb, so hast du alle Menschen lieb wie dich selbst. Solange du einen einzigen Menschen weniger lieb hast als dich selbst, so hast du dich selbst nie wahrhaft lieb gewonnen, – wenn du nicht alle Menschen so lieb hast wie dich selbst, in einem Menschen alle Menschen; und dieser Mensch ist Gott und Mensch. So steht es recht mit einem solchen Menschen, der sich selbst lieb hat und alle Menschen so liebt wie sich selbst, und mit dem ist es gar recht bestellt. "

Wenn ich spüre, dass ich wertvoll, liebenswert bin, wenn ich die Erfahrung mache, auf mich bauen und mir vertrauen zu können, vernehme ich aus dem Tiefsten in mir, aus meiner Seele, einen vielstimmigen Chor, der mindestens so wunderbar wie Händels Messias klingt und mir immer wieder auf vielfältige Weise singt: „Du bist wertvoll, kostbar, liebenswert, vertrauenswürdig." Diese Melodie durchweht meinen Leib, meine Gefühle, meinen Kopf, mein Herz. Sie entspringt meiner Seele und wirkt in meine Seele hinein, bis meine Lippen zunächst leise, kaum hörbar, dann aber immer lauter werdend, diese Melodie aufgreifen. Dann spüre ich, wie es mir warm wird ums Herz, wie ich mich strecke, weit werde, aufrecht gehe, und mit ausgebreiteten Armen und offenem Herzen mir selbst, anderen und Gott begegnen kann. Ich spüre mein Fundament in und unter mir. Ich vermag darauf zu stehen und in mir zu ruhen. Ich kann mich nach anderen Menschen ausstrecken, muss es aber nicht. Ich bin nicht davon abhängig. Ich kann mit den Worten von Psalm 139 Gott danken, „dass du mich so wunderbar gemacht hast", im Bewusstsein meiner Einzigartigkeit und in der Erfahrung meiner inneren Schönheit, einer duftenden Blume vergleichbar.

Lass dich immer wieder von dieser inneren Schönheit, der duftenden Blume in dir anstecken. Glaube daran, dass es diese Blume gibt, dass du liebenswert, schön, wertvoll bist, auch zu Zeiten, wenn du daran zweifelst oder durch andere enttäuscht wirst. Was dich liebenswert macht, was diese innere Blume blühen und duften lässt, ist nicht abhängig von der Art und Weise, wie andere dich sehen und dir begegnen, so sehr es auch dein Denken über dich selbst oder deine Einstellung dir selbst gegenüber beeinflusst. Diese Blume blüht unabhängig von den anderen in dir. Vergiss das nicht. Lass daher nicht nach, daran zu glauben, auch wenn es Zeiten gibt, in denen du das Gefühl hast, dass sie nicht in dir blüht und ihren Duft nicht mehr nach innen oder nach außen verbreitet. Diese Blume in dir wird genährt von deiner Seele, die dich nie verlassen hat und dich nie verlassen wird. Genauso wie Gott dich nie verlassen hat und dich nie verlassen wird. Höre nicht auf, darauf zu vertrauen, dass es diesen Schatz in dir gibt. Lass dich von deiner Seele zu diesem Schatz führen, bis die Fühler deiner Seele diesen Schatz, diese Blume in dir, deine innere Schönheit berühren und du deine Schönheit spürst, sie gleichsam siehst und dich davon beseelen lässt.

Nachdenken – Nachspüren – Inspirieren – Beseelen

Wie voll, wie leer ist augenblicklich dein Pott? Worauf führst du das zuück? Handelt es sich dabei lediglich um eine augenblickliche Einschätzung, oder trifft diese Einschätzung grundsätzlich als Beschreibung für dein Selbstwertgefühl zu?

Welche Auswirkung hat dein geringes, dein starkes Selbstwertgefühl auf deine Beziehungen zu anderen Menschen? Glaubst du, dass du ihnen wenig bedeutest, ihnen wenig zu bieten hast? Oder hast du den Eindruck, dass es für sie ein Gewinn ist, wenn du mit ihnen bist? Gehst du auf andere zu oder meidest du sie?

Denkst du, fühlst du und verhältst du dich so, wie du glaubst, dass andere von dir erwarten zu denken, zu fühlen und dich zu verhalten? Wie würdest du dich verhalten, wenn du nur von dir ausgehen würdest, von dem, was für dich stimmt?

Lasse dich von folgendem Vers aus Psalm 139 inspirieren und beseelen:
„Ich danke dir, dass du mich so wunderbar gestaltet hast. " Versuche dabei in Berührung zu kommen mit deiner Einzigartigkeit, mit dem Wunder deines Seins und Da-Seins.

Stelle dir vor, dass du eine wunderschöne Rose bist. Sei für einen Augenblick diese Rose, komme in Berührung damit, was es heißt eine Rose zu sein, die blüht, die andere erfreut durch ihr Dasein, ihren Duft, ihre Farben. Versuche anderen zu begegnen, während du dich selbst als diese Rose erachtest. Siehe dich selbst als diese Rose und schenke dir selbst die Gefühle, die du einer blühenden Rose gegenüber empfinden magst.

Ich bin ich selbst.

Es gibt auf der ganzen Welt keinen, der mir vollkommen gleich ist. Es gibt Menschen, die in manchem sind wie ich, aber niemand ist in allem, wie ich bin. Deshalb ist alles, was von mir kommt, original mein; ich habe es gewählt. Alles, was Teil meines Selbst ist, gehört mir – mein Körper und alles, was er tut, mein Geist und meine Seele mit allen dazugehörigen Gedanken und Ideen, meine Augen und alle Bilder, die sie aufnehmen, meine Gefühle, gleich welcher Art: Ärger Freude, Frustration, Liebe, Enttäuschung, Erregung; mein Mund und alle Worte, die aus ihm kommen, höflich, liebevoll oder barsch, richtig oder falsch, meine Stimme, laut oder sanft, und alles, was ich tue in Beziehung zu anderen und zu mir selbst.

Mir gehören meine Fantasien, meine Träume, meine Hoffnungen und meine Ängste. Mir gehören alle meine Siege und Erfolge, all mein Versagen und meine Fehler.

Weil alles, was zu mir gehört, mein Besitz ist, kann ich mit allem zutiefst vertraut werden. Wenn ich das werde, kann ich mich liebhaben und kann mit allem, was zu mir gehört, freundlich umgehen. Und dann kann ich möglich machen, dass alle Teile meiner selbst zu meinem Besten zusammenarbeiten.

Ich weiss, dass es manches an mir gibt, was mich verwirrt, und manches, was mir gar nicht bewusst ist. Aber solange ich liebevoll und freundlich mit mir selbst umgehe, kann ich mutig und voll Hoffnung daran gehen, Wege durch die Wirrnis zu finden und Neues an mir zu entdecken …

Wie immer ich in einem Augenblick aussehe, was ich sage und tue, das bin ich. Es ist authentisch und zeigt, wo ich in diesem einen Augenblick stehe.

Wenn ich später überdenke, wie ich aussah und mich anhörte, was ich sagte und tat, und wie ich gedacht und gefühlt habe, werde ich vielleicht bei manchem feststellen, dass es nicht ganz passte. Ich kann das aufgeben, was nicht passend ist, und behalten, was sich als passend erwies, und ich erfinde etwas Neues für das, was ich aufgegeben habe.

Ich kann sehen, hören, fühlen, denken, reden und handeln. Ich habe damit das Werkzeug, das mir hilft zu überlegen, anderen Menschen nahe zu sein, produktiv zu sein, und die Welt mit ihren Menschen und Dingen um mich herum zu begreifen und zu ordnen.

Ich gehöre mir, und deshalb kann ich mich lenken und bestimmen. Ich bin ich, und ich bin o.k.

(Virginia Satir, 2000)

Nimm dich an

Die Seele nimmt dich an
so wie du bist.
Du und die Seele sind eins.
Wie kann es sein, dass du nicht liebst,
was deine Seele liebt?

Elisabeth Kübler-Ross

„Wenn ich entdecken sollte, dass ich selbst des Almosens meiner Güte bedarf, dass ich selbst der zu Liebende sein will, was dann?" fragt C.G. Jung. Er spricht damit eine Frage an, die mich persönlich und in meinem Beruf als Theologe und Psychotherapeut immer wieder beschäftigt hat. C.G. Jung stellt damit eine Kernfrage unseres Lebens, die uns mitten hinein in unsere Existenz führt.

Ja, was dann, wenn ich entdecken sollte, dass ich selbst des Almosens meiner Güte bedarf? Wenn ich spüre, wie schwer es mir fällt, mich in meinem So-Sein, mit meinen Schwächen und Fehlern anzunehmen? Wenn ich mit mir hadere? Wenn ich gegen mich wüte und aufbegehre und mich mit Vorwürfen überschütte? Oder wenn ich es einfach nicht über mich bringe, „Ja" zu mir und all meiner Erbärmlichkeit zu sagen, wenn ich nicht in der Lage bin, mich meiner selbst zu erbarmen?

Ja, was dann? Dann bleibt es dunkel in mir. Dann lasten Traurigkeit und Schwermut auf mir. Dann spüre ich meine Seele nicht mehr. Sie vermag dann ihre vitalisierende und animierende Kraft nicht mehr zu entfalten. Sie fühlt sich dann abgewiesen. Wenn ich mir selbst das Almosen meiner Güte versage, ich nicht Ja sagen kann zu mir, ich mir nicht verzeihen kann, gehe ich an mir, an meiner Seele vorbei wie an einem Bettler, der mich in der Stadt um ein Almosen bittet. Ich sehe nicht meine Hände, die sich nach mir ausstrecken, damit ich mich meiner selbst erbarme, verweigere mir selbst die Hilfe. Ich versage meiner Seele, die mir in meiner Erbärmlichkeit und Erbarmungswürdigkeit gegenübertritt, die Annahme.

Will ich, dass meine Seele die Führung in meinem Leben übernimmt, darf ich mir und damit auch meiner Seele dieses „Ja" nicht versagen. Ich darf diesen beschwerlichen Weg, der zur Selbst-Annahme führt, auf Dauer nicht verlassen, etwa indem ich mich, wie es C.G. Jung einmal sagt, statt um mich, um die Schwierigkeiten und Sünden anderer kümmere. Die Auseinandersetzung mit mir selbst gehört, so C.G. Jung, „zu dem Allerschwierigsten". Solange ich mich davon ablenken lasse, mag ich tatsächlich oder anscheinend viel Gutes tun für andere, mich selbst aber sträflich vernachlässigen. Wenn ich mich in meinem erbärmlichen So-Sein nicht anzunehmen vermag, werde ich unerlöst bleiben.

Für den Menschen, der bemüht ist, vollkommen zu leben, der sich nichts zu Schulden kommen lassen möchte, wird es schwer sein, die Seite von sich anzunehmen und sich mit ihr zu versöhnen, die nicht vollkommen ist, die nicht rein und schuldlos ist. Zu akzeptieren, nicht der fehlerfreie, vollkommene, edle Mensch zu sein, der er glaubte zu sein, wird für ihn schrecklich und kaum auszuhalten sein. Alles in ihm wird dagegen aufbegehren.

Er wird aus seiner inneren Not herausfinden, wenn er die dunkle, die unvollkommene, die fehlbare und mitunter schmutzige Seite an sich annimmt. Das mag für ihn zu einem Bußgang werden, der ihn fast überfordert. Doch er muss ihn gehen, will er ganz Mensch sein. Ganz bin ich erst, wenn ich auch meine Schattenseite von mir kennen gelernt und integriert habe. „Geh' deinen Weg vor mir, und sei ganz", heißt es im Buch Genesis. Man könnte „ganz" auch mit „vollkommen" übersetzen. Vollkommen bin ich nicht, wenn ich die dunklen Seiten in mir ausklammere oder unterdrücke. Ich bin auf dem Weg zur Vollkommenheit – wohl ein Leben lang –, wenn ich mir meine nicht bewussten, unbeleuchteten, dunklen Anteile bewusst mache und sie in mein Leben integriere.

„Vollkommenheit bedeutet für mich heute", so Pierre Stutz (2000, 62),

„annehmen zu können, dass es kein Licht ohne Schatten gibt. Das Gleichnis vom Unkraut und vom Weizen aus dem Neuen Testament hat mich befreit von erdrückenden Vollkommenheitsansprüchen, von der Allmachtsfantasie, perfekt sein zu müssen. Da wird erzählt, dass nach dem Säen von Weizen beim Aufgehen der Saat zugleich auch Unkraut wächst. Die Knechte wollen es ausreißen, doch der Gutsherr sagt weise: ‚Nein, sonst reißt ihr zusammen mit dem Unkraut auch den Weizen aus. Lasst beides wachsen bis zur Ernte‘ (Matthäus 13, 24–30). Ein inneres Bild, das mich aufatmen lässt: Beides wachsen zu lassen, Fehler machen dürfen, Scheitern und Versagen in mir annehmen, weil es kein ‚reines‘ Wachstum gibt".

Uns auch in unserem Scheitern und Versagen anzunehmen, kann zu einer riesengroßen Herausforderung für uns werden. Ganz klar zu sagen: Ja, es gibt auch dunkle, fehlerhafte Seiten in mir, die zu mir gehören. Auch das bin ich. Auch das ist ein Teil von mir. Ich kann so tun, als wäre das nicht so. Ich kann diese Seite von mir ablehnen. Dann aber lehne ich mich ab. Oder aber ich sage Ja dazu: Ja, das bin ich auch, so weh mir das zunächst tun mag. So schwer mir es auch fallen mag, diese Seite von mir und darin mich anzunehmen.

Kann ich Ja zu mir, einschließlich meiner Unvollkommenheit, sagen, kann ich auch Ja zu meiner Seele und zu Gott sagen, die mir nicht nur in schönen spirituellen Erfahrungen und Gipfelerfahrungen begegnen, sondern mir auch in meiner eigenen Erbärmlichkeit entgegen treten können. Ich verleugne dann nicht länger, wie es C.G. Jung einmal sagt, Gott selbst, „der in solch verächtlicher Gestalt" wie meiner Erbärmlichkeit, an mich herantreten kann.

Wenn mir bewusst wird, dass ich in der bedingungslosen Annahme meiner selbst den Zugang zu meiner Seele und schließlich den Zugang zu Gott finden kann, öffnet sich das Grab, in das ich meine Seele und Gott eingesperrt habe. Ich werde befreit. Das ist der Augenblick meiner Auferstehung. Die Ablehnung meiner selbst verliert ihre unheilvolle Macht. Die Seele und Gott, die ich in der Verachtung meiner selbst mit verachtet und aus meinem Leben immer wieder ausgegrenzt habe, lasse ich jetzt voll Anteil haben an meinem Leben. Sie können ihre beseelende, vitalisierende und segensreiche Kraft in mir und an mir entfalten, ohne mit meinem Widerstand rechnen zu müssen.

Wenn du dich annimmst, so wie du bist, kannst du in eine lebendige Beziehung zu deinem Innersten, deiner Seele treten. Du beseitigst die Hindernisse, die zwischen dir und deiner Seele stehen mögen, sodass es zwischen dir und deiner Seele fließen kann. Elisabeth Kübler-Ross (1985, 135) sagt: „Ob du es glauben willst oder nicht, eine der wichtigsten Beziehungen in deinem Leben ist die mit deiner Seele. Wirst du freundlich und liebevoll zu deiner Seele sein oder wirst du den harschen und schwierigen Umgang mit ihr pflegen? Viele von uns zerstören unbewusst ihre Seele durch ihre negativen Einstellungen und Handlungen oder einfach, indem sie sie vernachlässigen. Wenn du aber die Beziehung zu deiner Seele zu einem wichtigen Teil deines Lebens machst, indem du sie täglich berücksichtigst, schenkst du deinem Leben eine größere Bedeutung und Wesentlichkeit. Nutze deine Erfahrungen – alle von ihnen – als Möglichkeit, deine Seele zu nähren! In der Annahme deiner selbst, wenn du in Beziehung zu dir selbst trittst, tust du den entscheidenden Anfang dazu. "

Trau deiner Seele! Sie wird dich zur Selbstannahme deiner selbst führen. Sie wird sich dabei mitunter vieles einfallen lassen müssen, vor allem wenn du störrisch bist, wenn du meinst, perfekt sein zu müssen, wenn du zu sehr nach oben schaust. Sie wird es dir auch nicht immer leicht machen. Denn dich so anzunehmen, wie du bist, kann ein Stück harte Arbeit bedeuten. Dein Herz so groß zu machen, so weit zu machen, dass es sich nicht nur der Erbärmlichkeit der anderen, sondern deiner eigenen Erbärmlichkeit erbarmt, setzt voraus, über den eigenen Schatten springen zu können. Es setzt voraus, ganz tief in sich anzuerkennen und zu würdigen, dass ich nicht besser bin als die anderen. Lass nicht nach, deiner Seele zu trauen, auch wenn es schwierig wird. Sie wird dich ans Ziel bringen, wenn du sie walten lässt. Sie wird dich dahin führen, dass du schließlich ganz tief in dir, aus deiner Tiefe heraus „Ja" zu dir sagen kannst. Dieses „Ja" zu dir bringt dich in Berührung mit deiner Tiefe, wo du spürst, dass du verankert bist in dir und einen Stand und einen Halt hast, der dir vorenthalten wird, wenn du nur das anscheinend Tolle,

Wunderbare, Positive von dir annimmst. Vergiss nie: Deine Seele will dir gut, auch wenn du zwischendurch manchmal nahe daran sein magst zu verzweifeln. Sie will dir gut, sie will, dass du dich annimmst, so wie du bist, mit all deinen Möglichkeiten, mit all deinen Grenzen. Wenn du durchhältst, wirst du am Ende belohnt, mit einem Gefühl tiefer Dankbarkeit und innerer Freude, so zu sein, wie du bist.

Nachdenken – Nachspüren – Inspirieren – Beseelen

Erich Fromm sagt: „Ich werde geliebt, weil ich bin... Ich brauche gar nichts zu tun, um geliebt zu werden... Ich brauche nur zu sein." Kannst du eine so bedingungslose, vorbehaltlose Liebe und Annahme dir selbst gegenüber aufbringen? Was macht es dir leicht, was macht es dir schwer, dich so bedingungslos anzunehmen?

Kannst du dir vorstellen, dass, wenn du dich nicht selbst, so wie du bist, anzunehmen vermagst, es dir auch sehr schwer fallen wird, dich wirklich von anderen annehmen zu lassen, so wie du bist? Du wirst immer wieder auf der Suche danach sein, angenommen zu werden, nur um die Erfahrung zu machen, dass die Annahme der anderen bei dir nicht ankommt, du sie in Zweifel ziehst – solange du nicht in der Lage bist, dich selbst bedingungslos anzunehmen.

Sich annehmen heißt, sich mit seinen hellen und dunklen Seiten anzunehmen. Sicher wirst du auch die Erfahrung machen, dass es dir vor allem schwer fällt, deine Schattenseiten anzunehmen, sofern sie dir überhaupt bewusst sind.

Lasse dich von folgender Geschichte nach Matthäus (13, 24–29) inspirieren:
„Mit dem Himmelreich ist es wie mit einem Mann, der guten Samen auf seinen Acker säte. Während nun die Leute schliefen, kam

sein Feind, säte Unkraut unter den Weizen und ging wieder weg. Als die Saat aufging und sich die Ähren bildeten, kam auch das Unkraut zum Vorschein. Da gingen die Knechte zu dem Gutsherrn und sagten: Herr, hast du nicht guten Samen auf deinen Acker gesät? Woher kommt dann das Unkraut? Er antwortete: Das hat ein Feind von mir getan. Da sagten die Knechte zu ihm: Sollen wir gehen und es ausreißen? Er entgegnete: Nein, sonst reißt ihr zusammen mit dem Unkraut auch den Weizen aus."

Kannst du es aushalten, dass du nicht nur Weizen, sondern auch Unkraut bist, dass es in dir Weizen und Unkraut gibt, Helles und Dunkles? Ja, kannst du auch das Dunkle, deine Schattenseite in dir als Teil von dir annehmen? Der Kirchenvater Irenäus von Lyon sagt: Was nicht angenommen ist, kann nicht geheilt werden. Was löst dieser Satz bei dir aus? Vermag er dich zu motivieren, dich in deinem Sosein, einschließlich deiner Erbärmlichkeit, liebevoll anzunehmen?

Lasse dich von folgendem Text von Thomas Merton inspirieren und beseelen:
„Am höchsten Ziel der Vollkommenheit stehen wir in diesem Widerspruch: Dass wir Gott nicht vollkommen lieben können, außer wir lieben uns selbst vollkommen." Lass das auf dich wirken, dass du Gott erst dann aus ganzem Herzen lieben kannst, wenn du dich aus ganzem Herzen annehmen und lieben kannst. Was heißt das für dich? Welche Konsequenzen ziehst du für dich daraus?

Werde du selber

Heiligkeit bedeutet:
Der zu werden, der zu werden du
berufen und bestimmt bist. Wer nicht
er selber wird, hat nicht gelebt.

Thomas Merton

Vor einigen Tagen sprach ich mit Andrea. Andrea will Medizin studieren. Doch sie muss noch ein Jahr warten, bis sie einen Studienplatz bekommt. Sie hat sich schon so sehr gefreut, endlich mit dem Studium beginnen zu können. Jetzt ist sie enttäuscht, noch warten zu müssen. Ich mache ihr Mut – sie ist 21 – die Zeit für sich zu nutzen, sich nochmals gut zu überlegen, was sie wirklich will. Ist es das Medizinstudium oder der Beruf der Ärztin, soll sie sich nicht davon abhalten lassen. Ich unterstütze auch ihre Vorstellungen, in dieser Zeit noch mehr eine innere und äußere Distanz zu ihren Eltern zu bekommen, um ihre Eigenständigkeit und Unabhängigkeit zu fördern. Ich spürte, wie wichtig es für Andrea war, in ihrer Situation mit jemandem außerhalb ihrer Familie zu sprechen, der versuchte, sie zu verstehen und ihr Mut machte, ihren Weg zu suchen und zu gehen.

Den eigenen, mir zugedachten Weg zu finden und dann auch zu gehen, kann manchmal sehr schwer sein. Gerade wenn wir beginnen, junge Erwachsene zu werden und wichtige Lebensentscheidungen zu treffen, sehen wir uns zunehmend herausgefordert, Farbe zu bekennen, eigene Vorstellungen, Überzeugungen, Träume umzusetzen. Damit sich von unseren Entscheidungen wirklich etwas von uns selbst verwirklicht, ist es wichtig, dass wir wissen, wer wir sind. Wer wir sind, was wir wollen, was unseren Lebenstraum ausmacht, das lässt sich nicht nur auf den Einfluss von außen – der Eltern, anderer wichtiger Bezugspersonen, der Gesellschaft usw. – zurückführen. Jeder von uns verfügt über einen numinosen Mittelpunkt, ein geheimnisvolles Zentrum, das uns entscheidend mitprägt.

Der Pionier der Entwicklungspsychologie Erik Erikson (1982, 73) nennt es unsere „existenzielle Identität". Dieser numinose Mittelpunkt steht für unser Selbst und nach meiner Auffassung auch für unsere Seele. Sie tragen in sich die Idee von dem, was uns zugedacht ist. Sie drängt es danach, das in unserem Leben zur Entfaltung zu bringen. Die Seele steht im Dienste dieser Entfaltung. Sie trägt Sorge dafür, dass unsere Selbst-Verwirklichung so gut wie möglich vonstatten geht.

Traue deiner Seele. Traue der Stimme in dir, die dir sagt, was dein Weg ist. Du musst dir freilich Zeit lassen, um wirklich *deine* Stimme zu vernehmen. Wichtig ist auch, dass andere, die dich kennen, dich bestärken in dem, was du als deine Stimme erkennst. Verlasse dich nicht nur auf dein bewusstes Ich, sondern höre in deine Tiefe hinein. Sei bereit, von deinem Selbst Botschaften über deinen Weg, deinen Lebenstraum zu erhalten. Achte auf deine Träume, bleibe in Berührung mit deinen Sehnsüchten, vertraue deiner Intuition. Habe keine Angst, Fehler zu machen, „falsche" Entscheidungen zu treffen. Du wirst Fehler machen, anscheinend falsche Entscheidungen treffen. Zumindest wirst du das immer wieder meinen. Doch es sind die Fehler, die Irrwege, die Fehlentscheidungen, die dich letztlich dahin bringen, wo du hin sollst. Wenn du deiner Seele vertraust, wird sie dich ans Ziel bringen. An *dein* Ziel.

Die Seele wird es dir nicht immer leicht machen. Sie wird dir auch kaum etwas ersparen. Sie wird dich machmal aufscheuchen, wenn du meinst, dich einrichten zu können, es dir gemütlich machen zu können. Dann kann sie dich aufschrecken, damit du weiter gehst, den nächsten Schritt tust, dich der nächsten Herausforderung stellst. Sie mutet dir dabei die Erfahrung von Unsicherheit, Angst, Traurigkeit zu. Diese Erfahrungen gehören unweigerlich zu deinem Wachstumsprozess, der gezeichnet ist von Gehen und Aufbrechen.

Wie jede Blüte welkt und jede Jugend
Dem Alter weicht, blüht jede Lebensstufe,
Blüht jede Weisheit auch und jede Tugend
Zu ihrer Zeit und darf nicht ewig dauern.

Es muß das Herz bei jedem Lebensrufe
Bereit zum Abschied sein und Neubeginne,
Um sich in Tapferkeit und ohne Trauern
In andre, neue Bindungen zu geben.
Und jedem Anfang wohnt ein Zauber inne,
Der uns beschützt und der uns hilft, zu leben.

Wir sollen heiter Raum um Raum durchschreiten,
An keinem wie an einer Heimat hängen,
Der Weltgeist will nicht fesseln uns noch engen,
Er will uns Stuf' um Stufe heben, weiten.

Kaum sind wir heimisch einem Lebenskreise
und traulich eingewohnt, so droht Erschlaffen,
Nur wer bereit zu Aufbruch ist und Reise,
Mag lähmender Gewöhnung sich entraffen.

(Hermann Hesse, 1952)

Es wird immer auch Mut brauchen, um der inneren Stimme zu trauen und ihr zu folgen. Es ist aber die Seele selbst, die sich in unserer Stimme meldet und uns antreibt zu leben. Ihr nicht zu folgen wäre gleichzusetzen mit Stagnation. „Die Seele verführt die nicht lebenwollende Trägheit des Stoffes mit List und spielerischer Täuschung, zum Leben…Wäre die Bewegtheit und das Schillern der Seele nicht, der Mensch würde in seiner größten Leidenschaft, der Trägheit, zum Stillstand kommen", sagt C.G. Jung (1971). Nur so kann sich aber in uns entfalten, was in uns angelegt ist und entfaltet werden will. Damit wir die werden, die zu werden wir berufen und bestimmt sind.

Willst du du selber werden, dann überlasse dich deiner Seele, dann höre auf deine innere Stimme und folge ihr. Vor allem eigenen Bemühen, immer mehr du selber zu werden, vertraue darauf, dass es eine Kraft gibt in dir, der es darum geht, dass du immer mehr du selber wirst. Überlasse ihr die Führung. Überlasse ihr vor allem dann die Führung in deinem Leben, wenn du selber spürst, dass du nicht weiter kommst. Vertraue auch darauf, dass andere Menschen, die dich kennen, die um dich wissen, dich in deinem Weg bestärken. Wenn das, was sie zu dir sagen, aus ihrer Seele kommt, dann wird es auch deine Seele hören und sich davon angesprochen fühlen. Oft wird es einfach nur wichtig sein, dass du die in dir angelegte Dynamik nicht behinderst. Das gilt vor allem dann, wenn es anscheinend schwierig wird, und du Phasen durchmachen musst, in denen du dich unsicher erlebst, und du glaubst, nicht weiter zu wissen. Dann stell dir einfach vor, dass deine Seele dich wie ein Engel begleitet, mit dir durch die Dunkelheit geht, bis du eines Tages wieder Licht siehst, und festen Boden unter deinen Füßen spürst, wenn die Seele dich dahin gebracht hat, wo dein Platz ist, wo du hin sollst.

Nachdenken – Nachspüren – Inspirieren – Beseelen

Wer bist du? Was willst du? Lasse alle Gedanken und Einfälle zu, die dir bei dieser Frage einfallen.

Hermann Hesse formuliert das so:
„Ich hatte einen Augenblick die Empfindung,
ich trage einen Kristall im Herzen,
und ich wußte plötzlich,
es war mein Ich."

(Hermann Hesse, 1952)

Spürst du den Kristall in deinem Herzen? Sagt dir dieser Kristall etwas über die vielfältige Weise in der Art wie du dich fühlst, in dem Bild das du von dir hast, wer du bist, wer du im Tiefsten bist, was dich im Innersten ausmacht? Sei für einen Moment dieser Kristall und lass ihn sprechen, lass ihn erzählen, wer du bist, was du willst.

Kennst du Situationen in deinem Leben, in denen du Phasen der Unsicherheit, Erfahrungen von Dunkelheit und Orientierungslosigkeit durchgemacht hast? Was hat dir geholfen? Wie bist du mit solchen Situationen umgegangen? Wie ist für dich die Vorstellung, dass gerade in einer solchen Zeit du in der Seele einen Schutzengel hast, der dir beisteht, der dich letztlich sicher in der Dunkelheit ans Ziel führt, dir die Richtung weist, die du gehen musst?

Kennst du die Erfahrung, dass du manchmal einem ignus fatuus, einem falschen Feuer aufgesessen bist, statt den Sternen, deiner Seele zu folgen? Falsche Feuer können Erfahrungen sein, bei denen du meinst, am Ziel angelangt zu sein, es sich aber herausstellt, dass du von deinem eigentlichen Weg abgeglitten bist. Wie kannst du mit solchen Erfahrungen positiv umgehen? Wie kannst du sie nutzen für deinen Werdungs- und Entfaltungsprozess?

Woran spürst du, dass du dich in die richtige Richtung entwickelst und den richtigen Weg eingeschlagen hast? Welche Rolle misst du dabei Menschen zu, die dich gut kennen und die dich ggf. bestärken auf dem eingeschlagenen Weg oder dich damit konfrontieren, dass du ihrer Ansicht nach die falsche Richtung gegangen bist?

Lasse folgende Verse aus Psalm 139 auf dich wirken:
Denn du hast mein Inneres geschaffen,
mich gewoben im Schoß meiner Mutter
Ich danke dir, dass du mich so wunderbar gestaltet hast.
Ich weiß: Staunenswert sind deine Werke.
Als ich geformt wurde im Dunkeln,
kunstvoll gewirkt in den Tiefen der Erde,
waren meine Glieder dir nicht verborgen.
Deine Augen sahen, wie ich entstand,
in deinem Buch war schon alles verzeichnet;
meine Tage waren schon gebildet,
als noch keiner von ihnen da war.

Liebe und lasse dich lieben

Die Liebe ist der Blick der Seele.

Simone Weil

„Der unbezogene Mensch hat keine Ganzheit", sagt C.G. Jung (1958, 259f.). Die Ganzheit erreicht er „nur durch die Seele, die ihrerseits nicht sein kann ohne ihre andere Seite, welche sie stets im ‚Du' findet. " Diese Aussage von C.G. Jung entkräftet die Kritik an ihm, einer nur an der eigenen Entwicklung interessierten Selbstverwirklichung das Wort zu reden.

Wir alle sehnen uns nach Liebe, wobei wir oft ganz Unterschiedliches darunter verstehen. Liebe zu erfahren, wahrhaft von einem anderen Menschen geliebt zu werden, ist das schönste Geschenk, das uns gemacht werden kann. Die Erfahrung, geliebt zu werden, ist durch nichts zu ersetzen. Liebe zu erfahren, fähig zu sein, zu lieben und Liebe anzunehmen, ist, was uns als Menschen auszeichnet. Dafür lohnt es sich zu leben. Alles andere, was wir sonst erleben und erfahren dürfen, wird nie an die Erfahrung von Liebe heranreichen können. „Heute scheint es mir, dass Liebe und Freundschaft die wichtigste Rolle im Leben spielen und dass ohne sie selbst die höchsten Errungenschaften blass, leer und gefährlich bleiben", resümiert der Philosoph Paul Feyerabend am Ende seines Lebens.

Wenn aber die Erfahrung von Liebe im Zentrum unseres Lebens steht, warum fehlt sie dann so oft in unserem Leben? Die Werbung wird nicht müde, immer wieder unser Verlangen und unsere Sehnsucht nach Liebe für ihre Zwecke zu gebrauchen und zu missbrauchen, indem sie uns eine Liebe vorgaukelt, die freilich im Ankündigen und im Erwecken von

Sehnsüchten stecken bleibt. Gerade in unseren Worten, Reden, Predigten, Programmen und Regeln kommt Liebe oft vor. Doch wo erfahren wir sie wirklich in unserer Gesellschaft, in der Kirche, in unseren religiösen Gemeinschaften, ja in der Familie und in der Partnerschaft? Die Liebe taugt nicht fürs Papier, sie fühlt sich nicht wohl in hochtrabenden, überzogenen Formulierungen und Appellen. Die Liebe fühlt sich am wohlsten in den Niederungen des Lebens, im Alltag, in den leisen Worten und zärtlichen Berührungen. Die Liebe meidet die Öffentlichkeit, das Zurschaustellen. Sie bevorzugt den geschützten Raum, die Intimität.

„Der einzige Hüter des Lebens ist Liebe, aber um geliebt zu werden, muss man lieben", sagt der Renaissance-Philosoph Filcino. Wie viele werden nicht müde, von Gottes Liebe zu künden oder von der allgemeinen Liebe zu sprechen, weil sie selbst hungern nach Liebe; wie viele Männer und Frauen sterben innerlich aus Mangel an Liebe; wie viele Menschen brauchen sich auf, weil sie sonst ihre unerfüllte Sehnsucht nach Liebe nicht aushalten können; wie viele Männer und Frauen verfallen ihrem Streben nach Macht und Einfluss als Ersatz für Liebe?

Der narzisstische Mensch versucht seine emotionale Leere durch Anerkennung, äußeren Glanz und Erfolg auszugleichen. Er hat ein grandioses Gefühl von der eigenen Wichtigkeit, ist stark eingenommen von Fantasien grenzenlosen Erfolges, von Macht, Glanz, Schönheit und idealer Liebe. Doch er spürt, dass ihm etwas Entscheidendes fehlt.

Die Liebe – ist sie Ausdruck unseres Innersten – ist nach Simone Weil der Blick der Seele. Sie ist das Kostbarste, was uns zur Verfügung steht. Sie ist keine Ware, keine Losung, kein leeres Wort, keine Ideologie. Sie will konkret mit Leib und Seele gelebt werden. Die Liebe will als Teil der Seele die Seele der anderen Person berühren, um so *ganz* zu werden. Die Liebe erweckt die Seele, und die Seele erweckt die Liebe. Beide sind voneinander abhängig, bereichern sich gegenseitig. „Insofern ... das Band der Liebe nicht existiert, fehlt ... die Seele" (Jung 1958, 259).

Der Seele im Leben die Führung zu überlassen heißt daher auch, der Liebe im Leben die Führung zu überlassen. Es ist die Seele, die mich zur Seele der Geliebten führt. Sie kommt aus meinem Innersten, und es zieht sie hin zum Innersten der geliebten Person. Es ist meine Seele, die es mir ermöglicht, den Fremden zu lieben – gegen manche inneren Widerstände, die es mir zunächst schwer machen. Die Seele entdeckt in der anderen Person die Stelle, die sie mir näher bringt. Sie führt mich durch alle Widerstände und Vorurteile zu seiner Mitte, seiner Seele, um zu erkennen, was uns gemeinsam ist.

Carl Rogers, der Begründer der Gesprächspsychotherapie, spricht davon, dass er in manchen psychotherapeutischen Begegnungen die Erfahrung macht, wie die Fühler seiner Seele die Seele der Rat suchenden Person berühren und die Begegnung sich transzendiert. Die Begegnung wird in diesem Moment aus dem Gegenwärtigen herausgeholt, ihr wohnt etwas vom Ewigen inne. „Die Ganzheit besteht aus der Zusammensetzung von Ich und du, welche als Teile einer transzendenten Einheit erscheinen", sagt C.G. Jung (1958, 259). Aus zwei wird eines.

Ich glaube, schöner und treffender kann man gar nicht in Worten sagen und verständlich machen, was die Anwesenheit von Seele meint. Ist die Seele anwesend und beteiligt, ist etwas Zusätzliches da. Etwas, das aus dem Augenblick, dem Ereignis, der Begegnung etwas Einzigartiges macht. Da kommt eine Qualität hinzu, die alles, was geschieht, einfärbt und durchwebt. Das Banale wird durchbrochen. Das Nur-Oberflächliche, Flache und Platte, das Gekünstelte und Unechte wird überwunden. Eine Kraft, die von unserem Innersten her kommt, bricht sich Bahn, *beseelt* uns. Es ist zugleich eine Kraft, die uns offen sein lässt für Erfahrungen, die über unser sonstiges Denken und Fühlen hinaus geht. Wenn wir solche Erfahrungen in der Begegnung mit anderen Menschen machen dürfen, erfahren wir Liebe. Es sind die Momente und Phasen in unserem Leben, in denen wir uns *ganz* fühlen, weil ein Du da ist, dessen Herz für uns schlägt, dessen Fühler unser Herz, unsere Seele berühren.

Die Liebe, so Erich Fromm (1978, 21), nutzt „nur" der Seele. Welch ein Luxus, mag man denken. Tatsächlich hält man, so Erich Fromm, doch „vor der tief verwurzelten Sehnsucht nach Liebe alle übrigen Dinge für wichtiger wie: Erfolg, Prestige, Geld, Macht. Beinahe unsere ganze Energie brauchen wir dazu, um zu lernen, wie man diese Ziele erreicht, und fast nichts verwenden wir, um die Kunst des Liebens zu erlernen."

Lass dich von dem Verlangen nach Erfolg, Reichtum, Einfluss, Macht nicht dazu verführen, deine Seele zu vergessen. Ohne sie hast du letztlich nichts davon. Sie vermögen dich nicht zu nähren. Du wirst nur versucht sein, immer mehr von ihnen zu erlangen, weil sie dich hungrig bleiben lassen. Gönne dir den Luxus, die Sehnsucht deiner Seele zu erfüllen. Sie wird dich zur Liebe führen, zu der Liebe, die du schenken und die du empfangen darfst. Das ist der Reichtum, der Schatz, der dich wirklich glücklich zu machen vermag. Du stillst damit das tiefste Verlangen deiner Seele, und sie dankt es dir, indem sie dich beseelt, dich froh und glücklich sein lässt – mit und ohne Einfluss, Ehrerweisungen, materiellem Reichtum. Vertraue darauf, dass die Seele in dir ist, dass dein Glanz in dir ist. Schaue, dass deine Seele in dir aufleuchten kann. Manchmal genügt es, in die Asche zu blasen, um ein längst erloschen geglaubtes Feuer neu zum Leuchten, zum Wärmen und zum Lodern zu bringen. Um geliebt zu werden, musst du lieben. Um geliebt zu werden, muss deine Seele den Weg zur anderen Person finden. Es ist aber wichtig, dass du zu deinem Schatz, zu deinem Wert in dir stehst. Wenn du dich deiner Seele überlässt, wird sie den Weg zu dir finden, und sie wird den Weg von dir zur anderen Person finden. Sie wird dich aus der Ideologie, der Lieblosigkeit heraus führen, sie wird dich zu dir selbst führen, sie wird dir helfen, dass die Seele des anderen dich entdeckt und du die Seele des anderen findest.

Nachdenken – Nachspüren – Inspirieren – Beseelen

Wenn dein Wecker heute Morgen läutet und du nicht mehr aufwachen würdest, wer, glaubst du, würde dich wirklich vermissen? Es mag eine ganze Reihe von Menschen geben, die durch deinen Tod in eine unangenehme Situation kommen. Wer aber glaubst du, würde wirklich um dich trauern? Wer würde dich wirklich vermissen? Es werden sicher die Menschen sein, denen du wirklich etwas bedeutet hast, die dich wirklich lieben. Gibt es diese Menschen in deinem Leben, und wer sind diese Menschen? Wie erfährst du ihre Liebe? Was bedeutet sie dir?

Welche Erfahrung machst du, wenn du einen anderen Menschen liebst? Wie spürst du da deine Seele?

„Die Liebe ist der Blick der Seele" (Simone Weil). Kennst du diese Erfahrung in deinem Leben, wenn du einen anderen Menschen liebst oder von einem anderen Menschen geliebt wirst ?

Wenn ich in den Sprachen der Menschen und Engel
mit ihnen redete
hätte aber die Liebe nicht,
wäre ich ein dröhnendes Erz oder eine lärmende Pauke.
Wenn ich prophetisch reden könnte
und alle Geheimnisse wüsste
und alle Erkenntnis hätte;
wenn ich alle Glaubenskraft besäße
und Berge damit versetzen könnte,
hätte aber die Liebe nicht,
wäre ich nichts.
Wenn ich meine ganze Habe verschenkte,
und wenn ich meinen Leib dem Feuer übergäbe,
hätte aber die Liebe nicht,
nützte es mir nichts.
Die Liebe ist langmütig,
die Liebe ist gütig.
Sie ereifert sich nicht,
sie prahlt nicht,
sie bläht sich nicht auf.
Sie handelt nicht ungehörig,
sucht nicht ihren Vorteil,
lässt sich nicht zu Zorn reizen,
trägt das Böse nicht nach.

Sie freut sich nicht über das Unrecht,
sondern freut sich an der Wahrheit.
Sie erträgt alles, glaubt alles, hofft alles, hält allem Stand.
Die Liebe hört niemals auf.
Prophetisches Reden hat ein Ende,
Zungenrede verstummt, Erkenntnis vergeht.
Für jetzt bleiben Glaube, Hoffnung, Liebe
diese drei;
Doch am größten unter ihnen ist die Liebe.

(1Kor 13,1–13)

Entdecke die Seele im Alltag

*Ich glaube wir würden in dieser Welt friedvoller leben,
wenn unsere Spiritualität nicht nur daraus bestünde, dass
wir in die Ewigkeit schauen, sondern auch sehr genau
auf die Welt um uns herum – und dabei ihre Tiefe und
Heiligkeit wertschätzen.*

Thomas Moore

In unseren Gebeten, in unseren Gottesdiensten, in unserer Meditation
können wir oft auf eine vorzügliche Weise in Kontakt mit unserer Seele
kommen. Hier kann die Seele sich baden. Im inneren Verweilen, im Ge-
bet, im Feiern kann sich unsere Seele Ausdruck verleihen. Wir entdecken
die Seele in der Musik, in der Erfahrung einer wunderschönen Land-
schaft. Wir kommen in Berührung mit der Seele, wenn wir uns auf die
Natur, die Schöpfung einlassen.
Wo aber ist die Seele in den Elendsvierteln der Dritten Welt, wo ist die
Seele in den unwirtlichen Vororten unserer Großstädte, wo ist die Seele
in Industrieparks oder Vergnügungsvierteln? Wo ist die Seele auf der
Expo in Hannover? Margot Käßmann, Bischöfin der Evangelischen Lan-
deskirche Hannover, sagt dazu: „Die Expo scheint wie eine heile Welt der
bewältigten Probleme und Fragen. Probleme der Armut und des Verhun-
gerns kommen auf der Expo nicht vor. Die Zwangsprostitution wird sich
nach Hannover bewegen. Polizisten bekommen keinen Urlaub, Verkäu-
ferinnen in der Innenstadt haben Angst, wie es werden soll, wenn sie bis
22.00 Uhr arbeiten sollen. Bei der Expo-Planung ist die Frage nach der
Seele zu kurz gekommen." Wo ist die Seele in unserem ganz konkreten
Alltag? In den Sorgen um unsere Kinder? In den Sorgen um unsere Ar-

beit? In den Sorgen um genügend Geld? Ich glaube, man könnte die Liste endlos fortführen.

Die Suche nach der verlorenen Seele darf nicht dazu führen, dass wir gleichsam neben dem Alltag immer mehr Schlupflöcher finden, in die wir uns zurückziehen, um uns zumindest für einen kurzen Moment mit einer anscheinend heilen Welt zu umgeben, so sehr das verständlich ist, so sehr das auch immer wieder angebracht ist. Die Suche nach der verlorenen Seele muss letztlich dazu führen, dass wir die Seele in den Alltag zurückbringen, um den Alltag zu beseelen. Das aber heißt auch immer wieder, dass wir etwas dafür tun müssen, dass wir uns mitunter anstrengen müssen, dass die Seele wieder in unserem Alltag anwesend ist, die Seele in unserem Alltag wirkt.

Ich glaube, an dieser Stelle wird deutlich, dass die Suche nach der verlorenen Seele sich nicht auf einen innerpsychischen Vorgang beschränkt, es dabei nicht nur um einen Wachstumsprozess geht, bei dem die Seele für sich und für die eigene Beseelung belebt werden soll. Die Suche nach der verlorenen Seele muss immer wieder auch mit dem Bemühen einhergehen, in unseren Beziehungen, in unserer Umgebung, in unserer Mitwelt und Umwelt die Seele zu entdecken und mit dafür Sorge zu tragen, dass sie auch dort die Führung übernimmt.

Dazu gehört auch, dass die Seele uns so tief berührt, dass unsere oft eingefrorene Fähigkeit, uns eines anderen Menschen erbarmen zu können, mit ihm leiden zu können, wieder aufgetaut wird. Die Seele ist da, sagt Meister Eckart, wo Gottes Mitleid wirkt. Er will damit, so Matthew Fox (Sheldrake/Fox 1996, 92f.), ausdrücken: „Dass wir erst dann eine Seele haben, wenn wir ein Feld werden, auf dem Gott Mitleid bewirkt. Oder anders formuliert: Wir werden nicht mit einer Seele geboren. Wir müssen sie in dieser Hinsicht erst machen. Man macht die Seele sozusagen durch Leben – indem man Lust und Leid lebt – und aus beiden wird Mitleid geboren… Das ist die reichste mystische Tradition von Ost und West, nämlich, die sagt, dass Seele Mitleid ist, das Werk von Mitleid. Mitleid ist arbeiten, es ist nicht einfach bloß da. " Die Fähigkeit mitleiden zu können, ist aber die Voraussetzung für Solidarität, für die Bereitschaft, das Kreisen um sich selbst zu sprengen und sich aufzumachen, um dem anderen, der danieder liegt, der meiner Hilfe bedarf, zu helfen, ihm beizustehen, über meinen eigenen Schatten zu springen, um für ihn da zu sein.

Das ist die eine Seite, dass wir manchmal die Seele erst „machen" müssen. Die andere Seite ist, dass wir bei zu viel Aktivismus, bei zu viel Bemühen Gefahr laufen, das Tun unserer Seele zu unterlaufen. Das heißt, es ist immer wieder wichtig hinzuhören, manchmal auch dem zu lauschen, was um mich herum geschieht und was ich in mir verspüre, um herauszufinden, in welche Richtung ich gehen soll. Oft, so ist es zumindest meine Erfahrung, führt mich dann dieses Lauschen dahin, dass ich wieder mehr meine Aufmerksamkeit mir selbst und den Menschen schenke, die mir am nächsten sind. Nach Martin Heidegger ist der Weg zum Nahen für uns Menschen oft der schwerste. Das heißt, dass wir oft aus Sorge um die anderen die Sorge um uns selbst und die Sorge um die Menschen, die uns am nächsten sind, vernachlässigen.

So gibt es Menschen, die davon beseelt zu sein scheinen, die ganze Welt verändern zu wollen, die sich politisch, in Angelegenheiten der Umwelt, der Gesellschaft und Kirche, in ihrem Bemühen um Solidarität ganz einsetzen und sich dabei aufbrauchen, ohne jemals zur Ruhe zu kommen. Sie, die sich für mehr Solidarität einsetzen, die sich für eine menschlichere Welt und Umwelt stark machen, führen, wenn man in ihr eigenes Leben hineinschaut, oft ein Leben des Unbehaustseins und des Unbeseeltseins. Ein Leben, das von Beziehungslosigkeit, Rücksichtslosigkeit sich selbst gegenüber, Heimatlosigkeit, Ungemütlichkeit und Unverbindlichkeit gekennzeichnet ist. Ich will den Einsatz dieser Menschen nicht herabwürdigen. Nur glaube ich, dass dieser Einsatz oft nicht der Weg ist, der sie das erreichen lässt, was sie sich ersehnen: bei sich anzukommen, ihr Leben zu beseelen, beziehungsfähig zu sein oder zu werden, ihre idealen Vorstellungen von Solidarität und einer besseren Welt zunächst in ihrer eigenen kleinen Welt zu verwirklichen. Für sie ist es wichtig, die Sorge um sich selbst zu entdecken, die Sorge um ihre eigene Seele in ihrem Leben und ihren privaten Beziehungen Wirklichkeit werden zu lassen. Um sich als Personen, die sich selbst etwas gönnen können, die sich um ihre eigene Seele kümmern, für andere einzusetzen.

Bei wieder anderen mag die Suche nach ihrer Seele dazu führen, dass sie ihr Gefühl, allein zu sein, überwinden, wenn sie den Tanz um sich selbst, die wehleidige Auseinandersetzung mit sich selbst hinter sich lassen um im Dasein für andere Sinn und Erfüllung – auch die Erfüllung einer ganz tiefen Sehnsucht ihrer Seele – zu finden. „Es gibt so viele Möglichkeiten, für die wir gebraucht werden, so viele Weisen, um sich zu engagieren – sei es, dass wir als freiwillige Helfer in einer Suppenküche arbeiten, ein Pflegekind aufnehmen, jemanden im Krankenhaus besuchen. " (Moore, in: Carlson/Shield 1995, 229).

„Die Liebe zu den Hilflosen, den Armen und Fremden ist", so Erich Fromm (1978, 73), „die Grundlage der Nächstenliebe. Es ist nichts Besonderes, sein eigenes Fleisch und Blut zu lieben... Erst in der Liebe zu jenen, die meinem Zwecke nicht dienen können, beginnt die Liebe sich zu entfalten. Bezeichnenderweise sind die Armen im Alten Testament das zentrale Objekt der Menschenliebe, und nicht nur sie, sondern auch der Fremde...". Der Seele verlangt es danach, das, was uns davon abhält, auf den anderen zuzugehen, zu überwinden. Sie will nicht Halt machen vor dem Sperrigen, dem Fremden, dem Abstoßenden. Sie will uns Mut machen, uns damit auseinanderzusetzen, uns ihm zu stellen, es zu durchbrechen. So sieht es die Seele auch als ihre Aufgabe an, jene Seite in uns herauszufordern, die sich in der fehlenden Bereitschaft zeigt, selbst-los sich für andere einzusetzen. Spätestens an dieser Stelle wird deutlich, dass es der Seele nicht nur um eine egoistisch ausgerichtete Selbst-Verwirklichung geht, sondern dass alle, die sich auf die Seele einlassen, auch damit rechnen müssen, dass die Seele sie anstachelt, sich für andere einzusetzen, und sie so lange nicht in Ruhe lässt, bis sie das auch tatsächlich tun.

Mach dich darauf gefasst, dass, wenn du dich auf deine Seele einlässt, sie von dir auch Dinge verlangt, die dir anscheinend nichts bringen. Es gibt eine Zeit in unserem Leben, in der es für uns wichtig ist, dass wir etwas tun, das über uns hinausgeht. Für viele zeigt sich das z.B. im Zeugen und Gebären von Kindern und in der Sorge um den Nachwuchs. Für andere ist es ein besonderer Einsatz für Menschen, die, weil sie in Not sind, der Sorge und Fürsorge bedürfen. Etwas zu tun, das mir nicht unmittelbar nützt, bei dem ich mich verbrauche und auch hingebe, stillt eine tief in uns angelegte Sehnsucht. Hier konkretisiert sich unsere Seele, wird sie zu einem Feld, auf dem sie sich ausleben, vielleicht manchmal auch austoben kann. Unsere Seele dankt uns den Einsatz für andere, indem sie uns ein tiefes Gefühl von Zufriedenheit, von Sinnerfüllung vermittelt und schenkt. Wächst an dieser Stelle unsere Seele nicht, tritt Lähmung in unserem Leben ein, schrumpft unsere Seele, verkriecht sich nach innen. Vertraue also deiner Seele, lass dich von ihr hinaus führen ins Weite, lass dich von ihr hineinführen in Beziehungen, lass dich von ihr ermutigen, dich dem Leben, dem Alltag zu stellen, dich einzusetzen und manchmal auch dich für andere hinzugeben.

Nachdenken – Nachspüren – Inspirieren – Beseelen

Verbindest du mit Seele etwas, das „nur" in dir lebt, das „nur" mit Spirituellem und Religiösem zu tun hat, oder bist du auch offen dafür, sie mitten in der Welt, im Alltag, am Arbeitsplatz usw. zu entdecken?

Wo vermagst du die Seele in deinem Alltag, an deinem Arbeitsplatz zu entdecken?

Inwieweit kommst du dem Verlangen deiner Seele nach, sich in etwas zum Ausdruck zu bringen, was über dich hinausweist? Zum Beispiel in einem besonderen Engagement, etwa bei Amnesty International, einer Umweltorganisation oder im Einsatz für alte oder behinderte Menschen?

Kennst du bei dir die Tendenz, dass du dir immer wieder Nischen suchst, um deine Seele zu pflegen, um dich dann der Wirklichkeit und dem Alltag zu stellen? Wie ist es dir möglich, beides zu tun: Dich immer wieder zurückzuziehen, innezuhalten, mit deiner Seele

Kontakt aufzunehmen *und* im Alltag, in der Bewältigung der täglich anfallenden Aufgaben mit deiner Seele in Kontakt zu bleiben, auch dort und darin deine Seele zu spüren und zu entdecken?

Nimm dir etwas Zeit, um innezuhalten. Komme in Berührung mit deiner Seele. Lass deine Seele offen sein für all das, was dich im Moment besonders berührt, was in dir Mitleid auslöst. Mitleid für Menschen in deiner nächsten Umgebung. Mitleid für Menschen, von denen du über andere, über die Medien weißt, dass sie im Moment in einer schwierigen Situation sind. Mitleid für Menschen, die in vergangener Zeit furchtbaren Situationen ausgesetzt waren. Lass all das in dir hochkommen, was du in dir spürst, wenn du an diese Menschen und ihre Situation denkst. Sei auch offen dafür, dass du ein Mitgefühl und ein Mitleiden für dich selbst zulässt, wenn du an Erfahrungen in deinem Leben denkst oder augenblickliche Erfahrungen, die du als schmerzvoll erlebst, bei denen dir übel mitgespielt wird, in denen du dir vernachlässigt oder verlassen vorkommst. Lass ein echtes Mitgefühl und Mitleiden für dich zu. Habe keine Angst, dass das etwas mit Wehleidigkeit zu tun hat. Wenn du spürst, dass es Wehleidigkeit ist, versuche tiefer zu gehen, versuche mit dem echten Mitgefühl, dem echten Mitleiden für dich in Berührung zu kommen und es einfach zuzulassen. Sei offen für die heilende Wirkung, die davon für dich ausgeht. Sei offen dafür, dabei mit deiner Seele in Kontakt zu kommen.

Die Seele ist wie ein Wind,
Der über die Kräuter weht.
Und wie ein Tau,
Der auf die Gräser träufelt,
Und wie die Regenluft,
Die wachsen macht.
Genauso ströme der Mensch
Sein Wohlwollen aus
Auf alle, die da Sehnsucht tragen.

Ein Wind sei er, indem er den Elenden hilft,
Ein Tau,
Indem er die Verlassenen tröstet,
Und Regenluft,
Indem er die Ermatteten aufrichtet,
Und sie mit der Leere erfüllt
Wie Hungernde:
Indem er ihnen seine Seele gibt.

(Hildegard von Bingen)

Höre auf deine Träume

*Der Traum ist die kleine verborgene Tür
im Innersten und Intimsten der Seele.*

C. G. Jung

„Der Traum ist die kleine verborgene Tür im Innersten und Intimsten der Seele, welche sich in jene kosmische Urnacht öffnet, die Seele war, als es noch längst kein Ichbewusstsein gab, und welche Seele sein wird, weit über das hinaus, was ein Ichbewusstsein je wird erreichen können." Diese Aussage von C.G. Jung über die Bedeutung des Traumes fasziniert mich. Er spricht damit etwas aus, was ich über viele Jahre meines Lebens täglich erfahren darf – über die Träume mit meiner Seele in Berührung zu kommen. Seit 20 Jahren führe ich ein Traumtagebuch. Fast jeden Morgen kann ich mich an einen oder mehrere Träume aus der vergangenen Nacht erinnern. Ich schreibe mir meine Träume noch vor oder gleich nach dem Aufstehen auf, gebe ihnen eine Überschrift und lasse sie für einen Augenblick auf mich wirken. Ich setze mich dabei nicht unter Druck, etwas Wesentliches von mir erfahren zu müssen. Ich bin einfach offen und bereit dafür, von ihnen etwas über mich, meine augenblickliche Situation, meine Vergangenheit, bestimmte Fragestellungen meines Lebens, meine Beziehung zu Gott usw. zu erfahren. Dabei lasse ich alles zu, was sich an Erinnerungen, Gedanken, Gefühlen oder Einsichten einstellt.

Unabhängig von den Botschaften, die meine Seele über die Träume mir mitteilen mag, erfahre ich es als eine grosse Bereicherung, über die Träume mit meiner Traumwelt in Kontakt zu sein. Es ist, als führten mich meine Träume in die Welt meiner Seele, eine Welt, die zu mir gehört, mir ohne die Träume aber verborgen bliebe. Bin ich in Kontakt mit dieser Welt, bin ich mehr mit mir in Berührung. Ich bin nicht länger nur mit einem sehr reduzierten Teil von mir in Berührung. Ich erfahre mich deutlicher als *ganz*. Vor allem mache ich die Erfahrung, mit einer Welt verwoben zu sein, die mehr ist als das, was mir normalerweise bewusst ist. Im Traum, so C.G. Jung (ebd.), „treten wir in den tieferen, allgemeineren, wahreren, ewigeren Menschen ein, der noch im Dämmer der anfänglichen Nacht steht, wo er noch das Ganze, und das Ganze in ihm war, in der unterschiedslosen, aller Ichhaftigkeit baren Natur."

Wenn wir uns in Not befinden, suchen wir in der Regel zunächst Hilfe von außen. Wir wenden uns an Menschen, machmal klammern wir uns sogar an sie. Wir versuchen uns abzusichern, hoffen durch die Zugehörigkeit zu einer Gruppe Halt und Stütze zu erfahren. Ich selbst erinnere mich an Situationen in meinem Leben, in denen mir die Hilfe von Menschen ganz wichtig war, und ich weiß wie unverzichtbar für mich tiefe Beziehungen oder wie bedeutsam die Zugehörigkeit zu bestimmten Gruppen wie meiner Pfarrgemeinde, meiner Supervisionsgruppe, dem Kirchenchor sind. Zugleich habe ich aber auch immer wieder erfahren, wie schnell Beziehungen sich verändern können bis dahin, dass sie bedeutungslos werden können. Wie instabil das Gefühl von Zugehörigkeit werden kann.

Gerade in solchen Augenblicken unseres Lebens kann es hilfreich sein, sich auf unsere inneren Hilfsmöglichkeiten, den inneren Halt, zu besinnen. Der aber kommt von unserer Seele. Deren Hilfe dürfen wir erfahren, wenn wir mit ihr in Berührung sind. Wir suchen dann die Hilfe und die Sicherheit nicht länger nur außen. Wir suchen sie in uns. Und wir finden sie in uns, wenn wir offen sind für unsere Seele, von ihrer Anwesenheit ausgehen und schließlich die Erfahrung machen: Es gibt eine Welt, die zu uns gehört und die wir zugleich mit unseren Mitmenschen teilen. Es gibt ein Reich in uns, das um so unendlich viel mehr als uns je bewusst sein wird, zu uns gehört und uns ausmacht, das uns ganz anders in der Welt sein und stehen lässt, wenn wir um es wissen. Ein Mensch etwa, der nicht reduziert auf seinen sichtbaren Körper da steht, sondern im Bewusstsein um seine Verbundenheit mit einer Welt und

Dimension lebt, die das Hier und Heute um das Gestern und Morgen, den Anfang und das Ende erweitern, kann sich auf ein festes Fundament stützen.

Dann geht es aber nicht nur um eine Welt in mir. Es ist nicht nur die Seele in mir, die mich trägt und führt. Ich erlebe mich dann selbst als Teil der Welt-Seele. Über meine Seele bin ich an die Welt-Seele, die *anima mundi*, angeschlossen. Fühlen wir uns aber mit der Welt-Seele verbunden, fühlen wir „uns in einer ganz besonderen Art beseelt. Es ist vielleicht das, was Hillmann meint mit der Bemerkung, dass die Anima unsere persönliche Welt in einen bedeutenderen Rahmen stellt... Denn wenn wir und die Welt beseelt und belebt sind, dann fragen wir nicht mehr: ,Hat das Leben einen Sinn?', sondern dann ist es an sich und aus sich heraus..." (Heisig 1996, 146f.).

Dieses Gefühl der Verbundenheit mit der Weltseele ist uns vielfach abhanden gekommen. Dabei könnte es uns den Halt, die Sicherheit, das Gefühl von Zugehörigkeit und Verbundenheit vermitteln und schenken, die wir oft so schmerzlich vermissen. Unsere Träume wollen uns helfen, in Beziehung zu unserer Seele und der Welt-Seele zu treten. Sie verweisen auf diese Seelen-Bereiche, führen sie uns vor. Sie sind das Tor, durch das wir zu ihnen gelangen. In der Seele begegnet uns eine Welt, von der C.G. Jung (1997, 415) sagt: „Ich kann nur in tiefster Bewunderung und Ehrfurcht anschauend stillstehen vor den Abgründen und Höhen seelischer Natur ... Neben diesem Eindruck vermöchte ich nur noch den Anblick des gestirnten nächtlichen Himmels stellen... und wie ich diese Welt durch das Medium des Körpers erreiche, so erreiche ich jene Welt durch das Medium der Seele."

Sei offen für diese Welt deiner Träume. Deine innere Welt, deine Seele! Lasse sie dein Fundament sein, das dir Sicherheit und Halt schenkt. Bleibe in Berührung mit diesem Bereich in dir. Orientiere dich immer wieder an ihm. Lasse andere Beziehungen und Verbindungen nicht an seine Stelle treten. Beides ist wichtig: die Ausrichtung und Verankerung außerhalb von dir *und* die Ausrichtung und Verankerung in dir. Sei auch offen dafür, im Kontakt mit deiner Seele, dich selbst als Teil der Welt-Seele zu erfahren, die wir mit allen Menschen teilen und die uns mit ihnen und dem, der uns geschaffen hat, verbindet. Nutze für dich das Privileg, über deine Träume mit deiner inneren und tieferen Welt in Kontakt und in Berührung zu kommen.

Nachdenken – Nachspüren – Inspirieren – Beseelen

Einige Hinweise, die dir helfen können, offen zu sein für deine Träume und dich an deine Träume zu erinnern:

Schlafe in der Einstellung ein, dass du offen bist für deine Träume, daran interessiert bist, was sie dir sagen möchten. Sage dir: „Ich bin bereit, dass sich das, was aus meiner Tiefe, aus meinem Bewusstsein dringen möchte, zeigen darf. Es ist willkommen, unabhängig davon, ob es angenehm oder unangenehm ist." Setze dich nicht unter Druck, etwa mit der Einstellung, dass du unbedingt heute Nacht träumen musst.

Unterstreiche deine Bereitschaft, dich an deine Träume erinnern zu wollen, indem du ein Traumtagebuch, ein Tagebuch oder ein Blatt Papier zusammen mit einem Schreibstift neben dein Bett legst, sodass du gleich nach dem Erwachen oder wenn du während der Nacht aufwachst, dir ein paar Notizen über den Trauminhalt machen kannst.

Wachst du während der Nacht auf und erinnerst dich an einen Traum, aber du bist zu müde, den Traum aufzuschreiben, dann merke dir ein Stichwort oder gib dem Traum eine Überschrift, anhand dessen du den Traum am Morgen, wenn du ihn aufschreibst, rekonstruieren kannst.

Überhaupt ist es gut, über jeden Traum, den du aufschreibst, eine Überschrift zu setzen. Oft findet sich in der spontan gewählten

Überschrift schon ein wichtiger Hinweis, welche Bedeutung der Traum für dich haben kann.

Wenn du den Traum aufgeschrieben hast und dir die Frage stellst, was dir dieser Traum sagen mag, sei offen für alle Reaktionen, die sich aus dieser Fragestellung bei dir einstellen: Gedanken, Gefühle, Ahnungen. Lasse möglichst viele unterschiedliche Deutungen und Interpretationen zu. Eine Deutung oder Interpretation, bei der du ein „inneres Klingeln" wahrnimmst, mag in besonderer Weise auf deine Situation zutreffen. Sei aber auch offen für andere, neue Interpretationen und Einsichten. Gehe spielerisch mit dem Traum um in dem Sinne, dass du von den verschiedensten Seiten deines Lebens her – augenblicklichen Fragestellungen, seelischen oder spirituellen Überlegungen – den Traum für dich fruchtbar zu machen versuchst.

Erzähle anderen deine Träume und frage sie, was ihnen dazu einfällt, was dein Traum bei ihnen auslöst.

Vertraue darauf, dass allein schon dein Offensein für deine Träume, dein In-Berührung-Sein mit der Welt deiner Träume, etwas mit dir macht, vor allem aber dich mit einer Seite von dir in Berührung sein lässt, die ganz wesentlich zu dir gehört. Über deine Träume bist du mit deiner Tiefe, deiner Seele, der Welt-Seele, mit Gott verbunden.

Im Schlaf – so der jüdische Schriftsteller Friedrich Weinreb – tauchen wir in den göttlichen Wurzelgrund ein. Nach C.G. Jung (1994,199) ist es wichtig, sich mit den Inhalten, die aus dem Unbewussten über die Träume auftauchen, auseinanderzusetzen. „Man ist verdammt, wenn man dem nicht folgt. Man muss erkennen, worauf sie unterschwellig hinzielen – was Gottes Wille ist. Man ruiniert sein eigenes Leben, seine Gesundheit. Man hat einen Teil seiner Seele verkauft oder verloren", wenn man das unterläßt.

In unseren Träumen kommen wir mit unserem göttlichen Wurzelgrund in Berührung, Gott kann über unsere Träume zu uns sprechen.

Bist du offen dafür, über deine Träume Hinweise für dein Leben zu erfahren, zu erkennen, was Gott von dir will? Oder hast du diesen Teil deiner Seele verkauft, indem du nicht auf deine Träume achtest und nicht versuchst sie für dein Leben fruchtbar zu machen?

„Einst da ich bittre Tränen vergoss, da in Schmerz aufgelöst meine Hoffnung zerrann, und ich einsam stand am dürren Hügel, der im engen, dunklen Raum die Gestalt meines Lebens barg; einsam, wie noch kein Einsamer war, von unsäglicher Angst getrieben, kraftlos, nur ein Gedanke des Elends noch: – wie ich da nach Hilfe umherschaute, vorwärts nicht konnte und rückwärts nicht, und am fliehenden, verloschenen Leben mit unendlicher Sehnsucht hing: – da kam aus blauen Fernen, von den Höhen meiner alten Seligkeit ein Dämmerungsschauer, und mit einem Mal riss das Band der Geburt des Lichtes Fessel. Hin floh die irdische Herrlichkeit, und meine Trauer mit ihr, zusammen floss die Wehmut in eine neue, unergründliche Welt; du Nachtbegeisterung, Schlummer des Himmels kamst über mich: die Gegend hob sich sacht empor, über der Gegend schwebte mein entbundener, neugeborner Geist. Zur Staubwolke wurde der Hügel, durch die Wolke sah ich die verklärten Züge der Geliebten. In ihren Augen ruhte die Ewigkeit; ich fasste ihre Hände, und die Tränen wurden ein funkelndes, unzerreißliches Band. Jahrtausende zogen abwärts in die Ferne, wie Ungewitter. An ihrem Halse weinte ich dem neuen Leben entzückende Tränen. Es war der erste, einzige Traum, und erst seitdem fühl' ich ewigen unwandelbaren Glauben an den Himmel der Nacht und sein Licht, die Geliebte."

(Novalis, 1994)

Verdränge den Tod nicht aus deinem Leben

*Es war mir, als schwebte mein Leben nur noch am Rande
meiner Lippen. Ich schloss die Augen, um, wie mich deuchte,
nachzuhelfen, dass es völlig entflieht, und es tat mir wohl,
mich matt werden zu fühlen und gehen zu lassen.
Es war eine Empfindung, die in meiner Seele nur noch ganz
oben schwamm, genauso sanft und genauso schwach wie
alles Übrige, aber trotzdem nicht nur frei von jeglichem
Unbehagen, sondern voll der Süße, die einer fühlt, der sich
dem Schlaf überlässt.*

Michel de Montaigne über sein eigenes Erlebnis der Todesnähe

„Von außen gesehen und solange wir außerhalb des Todes stehen, ist er
von größter Grausamkeit. Aber sobald man darin steht, erlebt man ein
so starkers Gefühl von Ganzheit und Frieden und Erfüllung, dass man
nicht mehr zurückkehren möchte." Wenn C.G. Jung (1978, 215) vom
Tod spricht, übersieht er nicht die Grausamkeit und die Tragik des Todes, den Schmerz, der die Trennung von geliebten Menschen mit sich
bringt, das „Schweigen ohne Antwort" oder die Todesnot des Sterben-
den. Er übersieht aber auch nicht die schöne Seite des Todes.
Ich erinnere mich an eine Situation in meinem Leben, in der ich mich
wie noch nie zuvor mit der Möglichkeit meines Todes konfrontiert sah.
Zuächst war ich von Panik ergriffen. Nur mit Mühe vermochte ich die
innere Haltung zu bewahren. Bis ich auf einmal – ich befand mich auf
einer Autofahrt, die Sonne war gerade dabei unterzugehen – deutlich
in mir eine Veränderung feststellen konnte. Die Katastrophenstimmung

in mir schlug um in ein Gefühl tiefen inneren Friedens. Damit einher ging der Gedanke, dass ich mir gut vorstellen konnte, zu gehen, bei allem Schmerz über die Trennung von meiner Frau und meinen Kindern und dem Verlust, den mein Tod für sie bedeuten würde. Ja, die Vorstellung zu gehen, hatte geradezu etwas Einladendes an sich, nicht in dem Sinne, dass ich gehen wollte. Vielmehr, dass ich, wenn es sein soll, gehen kann und dazu bereit bin. Bereit für die ewige Ruhe. In diesem Moment verschwanden alle Angst und Panik. Sie wichen der Bereitschaft, mich dem Schicksal, Gott, zu überlassen.

In einem Vortrag, wenige Wochen vor seinem Tode, geht Karl Rahner auf die Erfahrung des Kommenden, auf die Erfahrung des Ewigen Lebens ein. Es ist beeindruckend, Karl Rahner an dieser Stelle zuzuhören, wie seine Stimme leiser wird und er ganz bewegt ist, wenn er davon spricht, wie wir in der Regel den Tod nicht als die radikale Zäsur sehen, die er darstellt, sondern unsere Vorstellungen vom Ewigen Leben mit den Wirklichkeiten ausstaffieren, die uns vertraut sind. Karl Rahner hält sich zurück, darzustellen, wie das Ewige Leben aussehen wird. Für ihn ist aber der Tod jener Augenblick, in dem wird, was sein soll. Es ist der letzte Akt im Vollzug unserer Selbst-Verwirklichung.

Den Tod so zu sehen kann heißen, unser Leben als Vorbereitung auf den Tod zu verstehen, immer mehr ich selbst zu werden, bis ich im Tod die Voll-Endung erreicht habe. Immer mehr ich selbst werde ich aber, wenn ich mich zunehmend von mir, von meiner Mitte, von meiner Seele her verstehe, und nicht länger mich von außen her, von meiner Stellung, von meiner Leistung her, meiner Anerkennung durch die anderen definiere.

Mich immer mehr von innen her, von mir, meinem Selbst, meiner Seele her zu verstehen, meint auch mein Leben vom Tod her zu betrachten. Vom Tod, der nicht mein Ende bedeutet, sondern einen Übergang „in noch ungeborenes Zukünftiges" (Jung 1978, 216). Ich darf dann im Älterwerden die wunderbare Erfahrung machen, mich immer mehr zu jenem Menschen zu entwickeln, der ich werden soll und der ich werde, je mehr ich loslassen kann, je mehr ich mich frei machen kann von dem, was mich daran hindert, ich selbst zu sein und zu werden, bis ich im Tod schließlich zur Voll-Endung gelange.

Das Sterben, so Ariela Jaffé (in: Jung 1978, 215), „und bereits das Altern, die Abnahme körperlicher Kräfte" stellen den Menschen vor eine letzte Aufgabe der Bewährung. Für Jung (216) handelt es sich dabei um „eine gewaltig einsame Sache". Es ist in der Tat „eine große Anstrengung – das magnum opus –, sich rechtzeitig der Enge seiner Umarmung (des Körpers) zu entziehen und die Seele in die Vision der ungeheuren Größe unserer Welt zu entlassen, einer Welt, deren infinitesimaler Teil wir sind".

Der Tod lehrt uns loszulassen. Er kann uns motivieren, uns ganz der Seele zu überlassen, unser Leben, unser Sein ganz unter ihre Führung zu stellen. Das ist der wohl schwierigste Moment unseres Lebens, an dem entschieden wird, ob wir weiter *leben* wollen und werden, oder aber die Entscheidung treffen, mitten im Leben schon tot zu sein. Allein, wenn es uns gelingt, uns der Seele, sprich dem Schicksal, zu überlassen, werden wir weiter lebendig bleiben. Wählen wir dagegen den vermeintlich sicheren Weg, den behüteten, nach allen Seiten hin bedachten und vorgeplanten, wäre das „der Weg der Toten. Dann geschieht nichts mehr oder auf keinen Fall das Richtige. Wer den sicheren Weg geht, ist so gut wie tot. " (Jung 1978, 216)

Der Tod muss uns nicht ängstigen. Er kann uns anstacheln zum Leben. Er kann uns Mut machen, ganz aus uns heraus zu gehen, in der uns geschenkten Zeit ganz zu leben, die uns gegebene Zeit zu nutzen und zu entfalten, die in uns steckenden Möglichkeiten für uns und die anderen fruchtbar zu machen. Wir wissen nicht, wie viel Zeit uns gegeben ist. Der eine wird 80, der andere 35. Wie viel Jahre uns beschieden sind, darüber befinden wir nicht. Was wir aber tun können ist, im Wissen um unsere Endlichkeit den Augenblick bewusst zu leben, hier und heute. Das kann uns helfen, so manches Schwierige, das uns drückt und auf uns lastet, nicht zu bagatellisieren, aber zu relativieren. „Ja, das ist schwer zu ertragen, es beschwert mich zwar, geht mir nicht aus dem Kopf, ängstigt mich." Doch angesichts der Endlichkeit verliert es an Bedeutung und Gewicht.

Gerade die Tatsache, dass wir sterben müssen, kann uns dazu ermuntern, nicht nur zu leben, sondern lebendig zu bleiben, unser Leben zu nutzen angesichts des Todes. Das aber will auch unsere Seele. Sie will, dass wir im Bewusstsein, mitten im Leben vom Tod umfangen zu sein, im Hier und Jetzt von innen heraus, von unserer Seele heraus leben. Also nicht als Reaktion auf das, was von außen her auf uns eindringt, uns beeinflusst, bedrängt und bedrückt, unser Leben verstehen und gestalten, sondern von unserer Tiefe her, gespeist von und aus unserer Seele. Umfangen vom Tod, der uns nicht erschreckt, sondern ermutigt, im Bewusstsein unserer Endlichkeit, überlassen wir uns ganz dem Leben, hier und heute. Wir überlassen uns dem Ewigen, um hier und heute leben zu können. In einem Lied heißt es: „Denn der ist zum Sterben bereit, der sich lebend zu dir hält". „Ich muss, da ich heute lebe, mich eben lebend zu ihm halten", so Helmuth James Graf von Moltke, in seinem Abschiedsbrief an seine Frau.

Der Tod hat immer auch eine schmerzvolle, traurige und schreckliche Seite. Übersieh und überspiele sie nicht. Doch sei auch offen für die schöne, tiefe, Erleichterung verschaffende Seite des Todes. Verdränge den Tod nicht aus deinem Leben. Du würdest damit zugleich deine Seele aus dem Leben verdrängen. Der Tod stellt für deine Seele eine Möglichkeit dar, dich zu motivieren oder vielleicht auch davon zu überzeugen, das Leben zu wagen, in der kurzen, so sehr begrenzten Zeit, in der es möglich ist. Die Begrenzung, die der Tod unausweichlich markiert, kann zur Aufforderung werden, dein Leben wirklich zu leben, um schließlich einmal wirklich und endlich im Tod den lang ersehnten ewigen Frieden zu finden.

Nachdenken – Nachspüren – Inspirieren – Beseelen

Wie ist für dich die Vorstellung, dein Leben vom Tod her zu betrachten? Ändert sich da etwas für dich? Ergeben sich für dich daraus Konsequenzen für dein augenblickliches Leben?

Wie würdest du den heutigen Tag verbringen, wenn du wüsstest, dass es der letzte Tag deines Lebens wäre?

Was trägt dich, was hält dich? Ist es dein Beruf, sind es deine Beziehungen, deine Gemeinschaft? Was gibt dir in deinem Leben wirklich Halt? Worin bist du verankert? Wie zuverlässig, wie sicher ist die Verankerung? Wie anfällig für Erschütterungen ist sie?

Wenn du die Erfahrung machst, dass deine bisherige Art, mit Gott in Kontakt zu treten, dich nicht mehr nährt und trägt, versuche neue Formen. Vielleicht findest du über die Natur Zugang zu Gott. Vielleicht hilft dir die Meditation oder einfach immer wieder innezuhalten, bei dir zu verweilen, offen zu sein, dass Gott sich in dir ausbreitet. Oder du verweilst für einen Moment und sagst vor dich hin: „Du, Gott, bist der Grund meiner Hoffnung, du lebst als tiefes Geheimnis in mir". Sei dabei offen dafür, dass du der geheimnisvollen Anwesenheit Gottes in dir gewahr wirst und spürst, dass bei all dem, was dich umgibt, was dich ablenkt, was dir Sorge macht, dich in Angst versetzt, du verankert bist in etwas, das größer ist: in Gott. Er ist in dir und du bist in ihm.

„Es wird vielleicht auch noch die Todesstunde
Uns neuen Räumen jung entgegen senden,
Des Lebens Ruf an uns wird niemals enden…
Wohlan denn, Herz, nimm Abschied und gesunde!"

(Hermann Hesse)

„Wer Schmetterlinge lachen hört
Und weiß, wie Wolken schmecken,
Der wird im Mondschein, ungestört
Wo Angst, die Nacht entdecken.

Wer so mit sich in Frieden lebt,
Der wird genauso sterben,
Und ist selbst dann lebendiger
Als alle seine Erben."

(Novalis, 1994)

„Mit welcher Freude beglückt uns schon dieses irdische Licht, wenn wir es sehen! Die Blumen, die wir erblicken, erquicken uns mit angenehmster Heiterkeit. Das grüne Land, das dunkel-blaue Meer, die reine Luft, die blinkenden Sterne betrachten wir jetzt schon mit höchster Wonne. Wenn die geschaffenen Dinge uns schon so grosse Freude bereiten, da unsere Blicke ihnen begegnen: was wird uns dann wohl jene Majestät, die nicht ihresgleichen hat, durch ihren Anblick zuteil werden lassen."

(Cassiodor, 6. Jh., über das Ewige Leben)

Bleib auf dem Boden der Wirklichkeit

Es ist eine höchste und gleichsam göttliche Vollendung, seines eigenen Wesens wirklich froh werden zu können. Wir trachten nach einem anderen Los, weil wir das unsere nicht zu nützen wissen, und wollen über uns hinaus, weil wir nicht begreifen, was in uns ist. Doch wir mögen noch so sehr auf Stelzen steigen, auch auf Stelzen müssen wir mit unseren Beinen gehen.

Michel de Montaigne

„Doch wir mögen noch so sehr auf Stelzen steigen, auch auf Stelzen müssen wir mit unseren Beinen gehen. Und auf dem höchsten Thron der Welt sitzen wir doch nur auf unserm Hintern." Diese Erkenntnis von Michel de Montaigne finde ich entlarvend und entlastend zugleich. Wenn ich auf mein eigenes Leben und das vieler anderer schaue, stelle ich fest, dass wir uns oft verrennen, in etwas hineinsteigern oder auch abheben und damit den Bezug zur eigenen Wirklichkeit verlieren. Das kann so weit gehen, dass wir zunehmend unserem eigenen Wesen gegenüber untreu werden, den Bezug zu uns selbst verlieren. Haben wir aber den Bezug zu uns selbst verloren, sind wir auch nicht länger in der Lage, mit anderen Menschen oder mit einem höheren Wesen, mit Gott, in eine reale Beziehung treten zu können. Wir selbst spüren in dieser Situation – hoffentlich –, dass uns etwas fehlt. Doch wir suchen die Lösung an der falschen Stelle. Wir meinen, wenn wir noch höher hinauskommen, einen höheren oder größeren Thron besteigen können, in den Augen der anderen und der Welt – anscheinend – noch mehr Bedeutung haben, ja, dann, so glauben wir, haben wir das, wonach wir uns sehnen. Doch wir täuschen uns. Die Luft wird vielmehr immer dünner, die Beziehungen immer oberflächlicher, das Gefühl von „es fehlt mir etwas Entscheidendes" wird immer größer und schmerzvoller.

Die Richtung, die wir einschlagen müssen, wenn wir zur inneren Zufriedenheit finden wollen, führt uns nicht nach oben, sondern nach unten. Wir müssen herabsteigen von unserem Thron. Manchmal auch einfach hinunterfallen oder auch hinuntergestoßen werden. Das ist nicht immer leicht, zuweilen sogar kaum zu ertragen. Aber es ist notwendig. Wollen wir uns selbst gegenüber nicht fremd werden, müssen wir immer wieder geerdet werden. Das aber heißt, mit unserer Wirklichkeit in Berührung kommen. Wir müssen uns Fragen stellen wie: Wer bin ich? Was will ich? Welche Bedürfnisse, Sehnsüchte habe ich? Wie sieht meine Sonnenseite, wie meine Schattenseite aus? Erdung meint weiterhin, mit unseren vitalen Kräften in Kontakt zu kommen, unsere Wurzeln zu spüren und sie dahin zu wenden, wo sie Nahrung erhalten. Erdung kann auch heißen, uns immer wieder unserer Endlichkeit, unserer Menschlichkeit und Zerbrechlichkeit bewusst zu sein.

Manchmal muss der Mensch, so C.G. Jung (1971, 49), zu Fall kommen, die Erde erreichen, sich dort verwickeln und daran hängen bleiben, „damit das Leben gelebt werde." Dieser Fall kann zum Heil werden, wenn ich, heruntergefallen von dem Podest, auf das ich mich stellte, aufwache. Das ist unangenehm. Vor mir selbst und vor den anderen. Ich bin nicht länger der – in meinen und in den Augen der anderen –, der ich bisher meinte zu sein. Aber ich bin jetzt endlich der, der ich wirklich bin: Ein Mensch, der durch und durch menschlich, unvollkommen und fehlbar ist. Wenn ich jetzt nicht versuche, schnell wieder auf mein Podest zu steigen, sondern zu meiner Menschlichkeit und Schwachheit stehe, bin ich ein schönes Stück vorangekommen auf meinem Weg der Erdung.

Unsere Seele wird nicht nachlassen in ihrem Bemühen, uns zu diesem Weg der Erdung zu motivieren, weil sie daran interessiert ist, dass wir den Bezug zu uns selbst nicht verlieren. Unsere Seele stellt sich damit in den Dienst der Wirklichkeit. Sie ist darin unser erster Therapeut. Wie es das Ziel der Psychotherapie ist, den Menschen, der einem überzogenen Ideal-Ich nachhängt, zu seinem Real-Ich heranzuführen, sieht die Seele es als ihre Aufgabe, uns ins wirkliche Leben zu holen. Wir sollen wieder bodenständig werden, den Boden unter den Füßen spüren. Wir sollen den elfenbeinernen Turm, in den wir uns eingesperrt haben, verlassen, um in die Niederungen des Lebens hinabzusteigen. Diese sind mitunter unwirtlich, hart, herausfordernd, zugleich sind sie aber auch echt. Sie sind das Umfeld und geben die Grundlage ab, auf der unser Lebenshaus und unsere Beziehungen gründen und gebaut werden können. Hier unten kommen auch unsere ganz grundsätzlichen Bedürfnisse nach Nähe, Berührung, Sexualität nicht länger zu kurz. Auch nicht das Verlangen nach Vergnügen, Staunen und Ekstase. Alle diese Erfahrungen aber erden unser Leben. Sie sind der Dünger, sie sind der Saft, die unser Leben befruchten und bewässern. Diese *Erfahrungen* tragen dazu bei, mit dem wirklichen Leben in Berührung zu bleiben.

Wir beginnen demütiger zu werden. Demut heißt im Lateinischen *humilitas*. Darin steckt das Wort Humus. Wenn ich demütig bin, bin ich auf dem Boden angekommen und bleibe hoffentlich auf dem Boden. Ich hebe nicht länger ab, halte mich nicht länger für etwas Besonderes. Meine Seele hat mich endlich da, wo sie mich haben möchte. Sie dankt es mir, indem ich die Erfahrung machen darf, dass es sich in den Niederungen des Lebens zufriedener und glücklicher leben lässt als auf dem hohen Turm, getrennt von der Wirklichkeit und dem Leben unter den Menschen.

Jetzt kann ich endlich auch erfahren, was es heißt, mit Menschen in eine echte, tiefe Beziehung zu treten, ihre Nähe, ihre Liebe direkt zu spüren. Bisher mag ich mich noch so sehr danach gesehnt haben, viel darüber gesprochen oder geschrieben haben. Allein, ich mag noch so schön über Liebe geschrieben oder gepredigt haben, ich mag die schönsten Gedanken und anregendsten Fantasien über Liebe produziert haben. Das alles bleibt leer, bedeutungslos, ein Phantom, solange ich nicht wirklich Liebe erfahre.

Solange ich auf meinem Podest stehe und nicht auf dem Boden, besteht ein unüberbrückbarer Abstand zwischen mir und den Menschen. Wenn ich aber von meinem Podest herabsteige, mich auf die Niederungen des Lebens einlasse und mich auf die gleiche Ebene mit den anderen Menschen begebe, kann ich die Menschen berühren, riechen, anschauen, spüren. Jetzt kann ich dem anderen Menschen Einlass in mein Inneres gewähren, mich selbst aufmachen, mir den anderen Menschen vertraut machen. Der Abstand, der uns bisher daran hinderte, ist überwunden. So paradox es klingen mag: Jetzt, da ich von meinem Thron heruntergefallen bin, meine Hinfälligkeit und Unvollkommenheit akzeptiere, mich nicht länger als etwas Besonderes erachte, erhalte ich, was ich einst glaubte zu erhalten, wenn ich mich über andere stelle oder vollkommen sein wollte. Ich mache die Erfahrung, lieben zu können und geliebt zu werden – so wie ich bin. Alles Aufgeblasene, künstlich Zurechtgemachte, so wird mir deutlich, steht nur im Wege, verhindert ein wirkliches Zusammenkommen. Auch alle allzu schön klingenden Worte und Gedanken über Liebe taugen wenig. Liebe, echte Liebe straft hohlklingende Liebesappelle und Liebesbezeugungen Lügen. Liebe, die gibt es nur dann wirklich, wenn der Geruch der Erde an ihr haftet.

Die Seele verlangt es nach dem anderen Menschen. Sie begnügt sich nicht damit, von Worten und Gedanken über die Liebe betört zu werden. Sie will in der Liebe aufgehen. Sie spürt und erfährt sich erst dann ganz, wenn sie sich im Du eines anderen Menschen angenommen weiß. Deshalb treibt sie uns auch immer wieder an, uns aufzumachen und den zu finden, der zu uns, zu ihr, der Seele, passt. Sie wird dabei nicht müde und setzt alle ihr möglichen Mittel ein, um uns anzutreiben. So weckt sie in uns die heftigsten Gefühle für die andere Person, damit wir unsere Trägheit überwinden, das Kreisen um uns selbst verlassen und die Hinwendung zum anderen Menschen wagen. Um schließlich die Erfahrung zu machen, dass wir erst dann fähig werden, wahrhaft zu lieben, wenn wir vom siebten Himmel der Liebe auf den Boden der Wirklichkeit herunter fallen, um jetzt endlich anzufangen, *wirklich* zu lieben und zu leben.

Sei also nicht verzagt, wenn du aus dem Turm deiner Illusionen auf den Boden der Wirklichkeit fällst. Sei deiner Seele dankbar dafür, dass sie dir das Bein gestellt hat, sodass du zu Fall gekommen bist. Trau deiner Seele.

Sie stellt dir nicht nur das Bein. Sie begleitet dich auch durch den mitunter schmerzvollen Prozess, wenn aus Demütigung Demut wird. Widersetze dich ihr nicht. Sie will dir gut. Sie will, dass du ganz Mensch wirst. Vor allem aber will sie dir zur Erfahrung deiner tiefsten Sehnsucht verhelfen, lieben zu können und geliebt zu werden.

Nachdenken – Nachspüren – Inspirieren – Beseelen

Lebst du auf dem Boden der Wirklichkeit oder in einem Schloss, das sich, weit entfernt von der Wirklichkeit, auf einem hohen Berg befindet?

Wenn du in diesem Schloss wohnst – wie geht es dir dort? Was ist schön dort? Was fehlt dir dort?

Welches Bild hast du von dir? Glaubst du, jemand Besonderer zu sein? Rechnest du damit, irgendwann groß herauszukommen, endlich entdeckt zu werden?

Wie ist die Vorstellung für dich, dir zugestehen zu müssen, dass du einzigartig, aber zugleich ganz normal bist, nicht besser, nicht wertvoller als die Menschen um dich herum?

Kennst du die Erfahrung, damit konfrontiert zu werden, nicht „der tolle Hecht" zu sein, der zu sein du zu lange geglaubt hast? Hat dir das wehgetan? War es auch eine Erleichterung für dich?

Hast du dir schon einmal Gedanken darüber gemacht, was dich wirklich nährt? Reichtum, Erfolg, Ruhm oder echte Liebe, einfach angenommen zu sein, so wie du bist?

Hast du dir schon einmal klar gemacht, dass es ganz schön anstrengend ist, ständig auf Stelzen zu gehen, ständig dir und anderen gegenüber eine Größe vorzumachen, die letztlich gar nicht vorhanden ist? Ist es nicht einfacher, schöner, befriedigender, auf dem Boden zu stehen und zu gehen, die zu sein, die du wirklich bist? Vielleicht probierst du es einmal aus. Sei einfach du selbst und überlass dich deiner Seele.

Welche schönen, welche schmerzvollen Erfahrungen machst du, wenn du dich in jemanden verliebst? Was geschieht in diesem Augenblick mit dir, was geschieht in dieser Phase deines Lebens mit dir? Spürst du in einer solchen Erfahrung auch deine Seele? Wie sie dich wegführt vom Kreisen um dich selbst, hin zu dem Menschen, den du liebst? Wie deine Seele dich hinaufhebt in den siebten Himmel und dich auch – hoffentlich – wieder auffängt, wenn du von dort auf den Boden der Wirklichkeit herabfällst?

„Bei einem Wirte wundermild
da bin ich gern zu Gaste.
Er ists, der Durst und Hunger stillt,
so oft ich bei ihm raste.

Zum frischen Wasser er mich führt
wie guter Hirt, die Schafe,
so dass die müde Seele spürt
Erquickung wie vom Schlafe.

Mit heller Stimme lädt er ein
zu seinem heil'gen Feste,
verströmt sich selbst in Milch und Wein
an seine vielen Gäste.

Ich bin ja sein geliebtes Kind,
darf tröstlich bei im wohnen.
Ich atme seinen Schöpfungswind
ad respirationem.

Dies gute Wort nimmt seinen Lauf,
geht ein zu meinen Ohren
und blüht in meinem Herzen auf:
Ich bin wie neu geboren."

(Hartmut Stoll zu Jesaja 55,1–3a)

Wohl dem Mann, der nicht dem Rat der Frevler folgt,
nicht auf dem Weg der Sünder geht, nicht im Kreis der Spötter sitzt,
sondern Freude hat an der Weisung des Herrn,
über seine Weisung nachsinnt bei Tag und bei Nacht.
Er ist wie ein Baum, der an Wasserbächen gepflanzt ist,
der zur rechten Zeit seine Frucht bringt
und dessen Blätter nicht welken.
Alles, was er tut, wird ihm gut gelingen.
Nicht so die Frevler.
Sie sind wie Spreu, die der Wind verweht.

(Ps 1,1–4)

Betrachte deine Krise als eine Chance

Wenn wir sehen könnten, dass alles, selbst ein schweres Schicksal, ein Geschenk in Verkleidung ist, würden wir die beste Weise finden, um die Seele zu nähren.

Elisabeth Kübler-Ross

Wenn es mir seelisch nicht gut geht, ich seelisch krank bin oder mich in einer Krise befinde – in der Psychotherapie spricht man dann manchmal von Neurose –, mag sich darin meine Seele melden. Die Neurose ist für C.G. Jung (1997, 413) „ein Stopzeichen vor einem falschen Weg und ein Mahnruf zum persönlichen Heilungsprozess". Es handelt sich dabei für ihn um einen misslungenen Anpassungsversuch, um einen Ersatz für legitimes Leiden. Ich finde diese Definition von seelischer Krankheit als Neurose hilfreich. Sie macht klar, dass wir, wenn es uns seelisch schlecht geht, von unserem inneren Koordinatensystem abgewichen sind, dass wir versuchen etwas zu leben, was nicht von uns selbst abgedeckt ist. Außerdem wird hier die Neurose positiv gesehen. Sie will uns dazu anregen, den eingeschlagenen – falschen – Weg zu korrigieren.

Eine seelische Krankheit kann sich also einstellen, wenn wir den von der Seele vorgegebenen Fahrplan und Rhythmus glauben verändern zu können. Die Seele spielt dann nicht mit. Sie will sich durch die seelische Not, die wir erleben, in Erinnerung bringen. Dabei ist es durchaus verständlich, dass wir immer wieder in unserem Leben versuchen, den Weg zu verändern oder abzukürzen. Das trifft vor allem zu, wenn es uns schwer fällt und lästig wird, *unseren* Weg zu gehen.

Da soll ich z.B. in der Mitte des Lebens Abschied nehmen von meiner

Vorstellung von einem Leben, das mich immer weiterbringt, dass immer so weitergeht. Ist es nicht verständlich, wenn ich mich noch für eine Weile daran vorbeimogeln möchte, dass es eben nicht mehr so ist, mir nicht mehr alle Zeit der Welt zur Verfügung steht, dass der Nachmittag des Lebens längst angebrochen ist? Wer verzichtet schon gern auf etwas, was ihm lieb geworden ist? Wer ist bereit, Schmerzen zu erleiden über einen Verlust, solange er glaubt, den Verlust vermeiden zu können? So suche ich nach Ausreden. Für eine Weile, so scheint es, bin ich auch erfolgreich. Doch nicht auf Dauer.

Unsere Seele ist darum besorgt, dass unser Leben entsprechend unserer Bestimmung zur Entfaltung kommt. Sie versteht sich als Garant unserer Selbstwerdung. Sie lässt es uns daher spüren, wenn wir davon abweichen. Sie ist dabei zugleich die Instanz in uns, die über unser Bewusstsein hinaus mehr um uns weiß und sich bemüht, zu unserem Segen korrigierend auf unser Leben und seine Entwicklung einzugreifen. Das kann so weit gehen, dass sie sich mit aller Macht uns entgegen stellt, uns in eine seelisch nicht mehr aushaltbare Situation bringt, sodass wir manchmal gar nicht anders können, als unsere Wegrichtung zu ändern, getroffene Entscheidungen zu revidieren.

Es ist dann die Seele selbst, die leidet, weil sie in ihrem Fluss, in ihrer Entwicklung gestoppt worden ist. Statt einer von ihr beinflussten Weiterentwicklung entstehen Missbildungen, die von ihr und damit von unserem Weg weg führen. „In der Neurose steckt in Wirklichkeit ein Stück noch unentwickelter Persönlichkeit, kostbares Stück Seele, ohne welches der Mensch zur Resignation, zur Bitterkeit und sonstigen Lebensfeindlichkeiten verdammt ist. Neurosenpsychologie, die nur das Negative sieht, schüttet das Kind mit dem Bade aus" (Jung 1977, 123).

Dieses Stück noch unentwickelter Persönlichkeit, die C.G. Jung ein kostbares Stück Seele nennt, hat in der Regel auch mit der Fähigkeit bzw. der Unfähigkeit des Menschen zu tun, offen zu sein für numinose Erfahrungen. Das heißt offen zu sein für das Heilige, das Unaussprechliche, das Geheimnisvolle, das Erschreckende, das ganz Andere (vgl. Jung 1997, 413). Es sind Erfahrungen, in denen Menschen ein Gespür für das, was über sie hinausgeht, bei sich wahrnehmen; Erfahrungen, die andere Gipfelerfahrungen nennen, die Menschen tief ergriffen sein lassen. Der Zugang zum Numinosen ist für C.G. Jung (ebd.) die eigentliche Therapie, „und insoweit man zu den numinosen Erfahrungen gelangt, wird man vom Fluch der Krankheit erlöst. Die Krankheit selbst nimmt numinosen Charakter an".

Das aber heißt, die seelische Krankheit klopft bei uns an. Manchmal sehr stürmisch mit einer Macht und Dringlichkeit, dass wir glauben, es nicht mehr aushalten zu können. Sie klopft an, um uns zu sagen: Das ist nicht alles. Du hast noch einen Schatz in dir, den du bergen musst, willst du den Rest deines Lebens sinnvoll und mit innerem Frieden leben. Die seelische Krankheit erweist sich somit als ein Geschenk, zwingt sie mich doch und all die Kräfte in mir, die es beim Alten und Bisherigen belassen wollen, den Weg zu gehen, der mich von dem seelischen Schmerz befreit. Dieser Weg kann sehr beschwerlich sein, so beschwerlich, dass ich oft stehen und stecken bleibe oder auch ein Stück zurückgehe. Oder ich falle zwischendurch hin, bleibe für eine Weile liegen, um mich dann weiter zu schleppen. In seinem Roman *Bericht an Greco* schreibt Nikos Kazantzakis:

> *„Jeder Mensch, der es wert ist, Menschensohn genannt zu werden, trägt das Kreuz und besteigt den Golgotha. Viele, ja die meisten erreichen nur die erste und zweite Stufe, brechen heulend mitten auf der Strecke zusammen und gelangen nicht zu dem Gipfel von Golgotha, anders gesagt dem Gipfel ihrer Pflicht: gekreuzigt zu werden, aufzuerstehen und ihre Seele zu retten. Voll Furcht vor der Kreuzigung wird ihr Herz schwach; sie wissen nicht, dass das Kreuz lediglich der Pfad zur Auferstehung ist. Es gibt keinen anderen Weg. "*

Das Durchtragen und Durchleiden schmerzvoller Erfahrungen in der seelischen Krankheit, trägt in sich und bringt mit sich die Befähigung und Erfahrung des Numinosen. Wenn ich in dieser Phase meines Lebens aufgebrochen werde, um mit dem kostbaren Stück Seele, das ich mir bisher vorenthalten habe, in Berührung zu kommen, kann ich von meiner seelischen Not befreit werden. Es ist der einzige Aus-Weg, der mir bleibt, will ich nicht verrückt werden oder für den Rest meines Lebens an der

Oberfläche leben. Es ist die Situation in meinem Leben, in der ich mit meinem Verstand, meinem Bewusstsein, meinem Willen allein nicht weiterkomme. Das vermag ich nur, wenn ich mich meiner ganzen Seele überlasse. In dem Augenblick, in dem ich mein Ich, mit dem ich glaubte, mein Leben lenken zu können, loslasse und mich bedingungslos meiner ganzen Seele überlasse, falle ich in eine Tiefe, die ich bisher nicht kannte. Jetzt kann der Durchbruch erfolgen, zu dem „kostbaren Stück Seele", das ich bisher ausgespart hatte. Der Zugang zum Numinosen ist gefunden.

Jetzt kann auch dieser Teil der Seele dich beseelen. Jetzt kann deine Seele ohne Einschränkung die Führung in deinem Leben übernehmen. Sie tut das, indem sie dein Leben in das Kraftfeld eintaucht, das von ihr ausgeht. Die Seele ist dann nicht länger „nur" in dir, sondern du bist in ihr. Du darfst dadurch teilhaben an der Erfahrung, die dich ergreift, wenn du spürst: Es gibt etwas, das größer ist als ich es bin, das alle mir gegebenen Möglichkeiten übersteigt, eine gute Macht, auf die ich mich verlassen kann. Es ist die Erfahrung, die Dietrich Bonhoeffer beten lässt:

> *„Von guten Mächten wunderbar geborgen*
> *erwarten wir getrost, was kommen mag*
> *Gott ist mit uns am Abend und am Morgen*
> *und ganz gewiss an jedem neuen Tag."*

Er hat den Trost und die Gelassenheit erfahren dürfen, die sich einstellt, wenn du den Zugang zum Numinosen, zum Geheimnisvollen, zum ganz Anderen, gefunden hast. Wenn du – das jedenfalls bedeutet diese Erfahrung für mich –, den Zugang zu Gott gefunden hast, wenn du erfahren darfst und dabei zutiefst berührt und ergriffen sagen kannst: Gott ist tatsächlich in mir, ich bin tatsächlich in Gott. Der Dornbusch brennt.

So lass dich auf deine Seele ein. Vertrau dich und dein Leben ihr ganz an. Gib nicht auf, wenn du auf dem Weg dahin stecken bleibst oder hinfällst. Sieh es als eine Möglichkeit, neue Seiten von dir zu entdecken und für dein Leben fruchtbar zu machen. Bist du hingefallen, steh' wieder auf und geh' weiter durch die Dunkelheit und Angst. Du wirst ans Ziel kommen, wenn du nicht aufgibst. Du darfst erfahren, dass aus der Dunkelheit Licht, der Angst Zuversicht wird, dass in der Erfahrung des Numinosen, des Unbegreiflichen dir neue Weisen des Seins und Erlebens geschenkt werden. Inmitten des Alltags, inmitten einer mitunter chaotischen Welt darfst du Halt und Verbundenheit erfahren, aus der du Trost, Kraft und Hoffnung für dein Leben schöpfen kannst.

Nachdenken – Nachspüren – Inspirieren – Beseelen

Henri David Thoreau, der über ein Jahr lang in einer Hütte, umgeben von einem See und Wäldern, gelebt hat, meint: „Das Mausern muss wie bei Vögeln eine Krisis in unserem Leben sein... Auch die Schlange wirft ihre Haut und die Raupe ihren wurmigen Rock infolge einer inneren Arbeit und Ausdehnung ab. "

Kennst du Zeiten des Mauserns in deinem Leben, Zeiten, in denen du dich innerlich strecken und ausdehnen musst, um dem dir vorgegebenen organischen Prozess gerecht zu werden? Zeiten, in denen du die alte Haut abstreifen musst, damit neues Wachstum möglich ist?

Was hat dir in solchen Zeiten der Krise geholfen? Wer hat dir geholfen?

Mit welcher Einstellung begegnest du Krisenzeiten in deinem Leben? Siehst du darin eine Chance, die du für dich nutzen willst? Oder tendierst du eher dahin, solche Zeiten zu vermeiden, sie nur als lästig zu erachten?

Kannst du dir vorstellen, in Zeiten von Krisen mehr als bisher einfach deiner Seele zu vertrauen, ihr die Führung in deinem Leben zu überlassen, deiner Seele zu sagen: „Ich weiß an dieser Stelle nicht weiter. Übernimm du die Führung in meinem Leben. Ich vertraue darauf, dass du mich dahin führst, wo es für mich gut ist. Ich vertraue darauf, dass du mich in dieser Zeit wie ein Schutzengel begleitest und mir beistehst, wenn ich deiner Hilfe bedarf"? Was macht es dir möglicherweise schwer, so zu deiner Seele zu sprechen? Was hilft dir, so zu deiner Seele zu sprechen?

Versuch dich auf folgende Psalmworte einzulassen. Lass, dich von ihnen hinführen zu deiner Seele und schließlich zu Gott. Sei im Sprechen oder Beten dieser Psalmworte offen dafür, dass du mehr mit deiner Seele, mit Gott in Berührung kommst und ihren Beistand zunehmend spüren und erfahren darfst.

„Hilf mir, o Gott! / Schon reicht mir das Wasser bis an die Kehle.
Ich bin im tiefen Schlamm versunken /
und habe keinen Halt mehr;
ich geriet in tiefes Wasser, / die Strömung reißt mich fort.
Ich bin müde vom Rufen, / meine Kehle ist heiser,
mir versagen die Augen, / während ich warte auf meinen Gott.
Ich aber bete zur dir, / Herr, zur Zeit der Gnade,
Erhöre mich in deiner großen Huld, / Gott, hilf mir in deiner Treue!
Entreiß mich dem Sumpf, / damit ich nicht versinke.
Zieh mich heraus aus dem Verderben, / aus dem tiefen Wasser!
Lass nicht zu, dass die Flut mich überschwemmt, / die Tiefe mich verschlingt, / der Brunnenschacht über mir seinen Rachen schließt.
Erhöre mich, Herr, in deiner Huld und Güte, / wende dich mir zu in deinem großen Erbarmen!
Verbirg nicht dein Gesicht vor deinem Knecht; / denn mir ist angst. Erhöre mich bald!
Sei mir nah, und erlöse mich! / Befrei mich meinen Feinden zum Trotz!"

(Psalm 69)

In einer Zeit, in der sich der geistliche Schriftsteller Henri Nouwen in einer großen Krise befand, schrieb er folgenden Text. Lies diesen Text und sei offen dafür, dass er dich in deiner Tiefe anspricht:

„Möchtest du wirklich umkehren? Willst du tatsächlch umgewandelt werden? Oder hältst du mit einer Hand an der alten Lebensweise fest, während du mit der anderen Leute darum bittest, dir zu helfen, dass du dich wandelst?

Umkehr und Wandel sind gewiss nichts, was du selbst vollbringen kannst. Es ist keine Frage der Willenskraft. Du musst der inneren Stimme vertrauen, die dir den Weg zeigt. Du k e n n s t diese innere Stimme, und du wendest dich oft an sie. Hast du aber klar und deutlich vernommen, was von dir zu tun verlangt wird, fängst du an Fragen zu stellen, erhebst Einwände und möchtest wissen, was irgendwer dazu meint. Auf diese Weise verstrickst du dich in unzählige, oft widersprüchliche Meinungen, Gefühle und Vorstellungen und verlierst den Kontakt mit Gott in dir. Schließlich bist du von allen, die du um dich gesammelt hast, abhängig.

Nur im ständigen, aufmerksamen Hören auf die innere Stimme kannst du zu einem neuen Leben der Freiheit und Freude umkehren."

(Henry J.M. Nouwen 1996, 22)

Tue deinem Leib Gutes

*Tu deinem Leib Gutes, damit
die Seele darin baumeln kann*

Hildegard von Bingen

Alexander Lowen (1990), der Begründer der Bioenergetik, hat ein Buch über die Spiritualität des Körpers geschrieben. Darin fordert er, dass die Seele wieder in den Körper zurückkehren muss. Die Spaltung, hier Körper, dort Seele gelte es zu überwinden. Seele versteht er als „das lebenschaffende Prinzip, das die inneren Quellen des Handelns und der Entwicklung in Bewegung setzt." Der Körper sei ohne Seele ohne Leben, die Seele ohne den Körper ein Krüppelwesen. Unsere Seele kann nicht als von unserem Körper getrennt existierend gesehen werden. Sie ist ein Teil unseres Körpers, lebt in und durch unseren Körper. Sie steht nicht höher als er, ist nicht wichtiger oder wertvoller als er. Das Verhältnis unserer Seele zu unserem Körper ist auch nicht das eines Kapitäns zu seinem Schiff oder das eines Reiters zu seinem Pferd.

Wer versucht, der Seele und der Pflege der Seele gerecht zu werden und dabei den Körper vernachlässigt, vernachlässigt damit zugleich seine Seele. Auch wer nur seinen Körper pflegt und die Seele vernachlässigt, vernachlässigt damit zugleich seinen Körper, der ohne Bezug zur Seele nicht angemessen gewürdigt wird. Eine einseitige Konzentration auf die Pflege des Körpers kann also genauso ungesund sein wie eine einseitige Pflege des Geistlichen. Wenn nur noch der Körper, dessen Training und Fitmachen im Mittelpunkt steht, die Seele dabei aber übersehen wird, bleibt alles nur „eine halbe Sache", die sich letztlich als schal und belanglos erweist. Auf der anderen Seite wirken Vorstellungen über die Seele oder Bemühungen um das Heil der Seele wie abgehoben, wenn die Seele als losgelöst vom Körper gesehen wird. Der Seele fehlt dann die Erdung.

Im Christentum hat eine Überbewertung der Seele und des Geistlichen manchmal zu einer sträflichen Vernachlässigung des Leibes und des Körpers geführt. Der Körper wurde als weniger wertvoll erachtet, ja bewusst vernachlässigt, manchmal sogar gequält und abgetötet. Und das im Namen der Seele! Dabei will unsere Seele, dass wir unseren Körper beseelen, gut, liebevoll mit ihm umgehen. Liebevoll mit unserem Körper umgehen, heißt daher auch, liebevoll mit unserer Seele umzugehen. Unsere Seele will in unserem Körper zum Ausdruck kommen. Unser Körper soll zu unserer Seele werden.

Bei manchen Menschen spürt man in ihrer Ausstrahlung ihre Seele. Da ist die alte Frau, die mich mit ihren wachen Augen anschaut. Ihr furchenreiches Gesicht ist gezeichnet von ihren Lebenserfahrungen. Die Furchen und Einkerbungen in ihrem Gesicht sind zugleich die Spuren ihrer Seele. Welch ein Unterschied zwischen diesem eindrucksvollen, beseelten Gesicht und der Maske einer gleichaltrigen Person, die ihr Gesicht hat liften lassen und dabei ihre Gesichtszüge verloren hat. Oder ich denke an den ersten Besuch von Martin Gutl, dem leider schon verstorbenen geistlichen Schriftsteller. Er kam in mein Zimmer, und in der Art wie er hereinkam – ich kann es gar nicht genau erklären –, war für mich etwas anderes wahrnehmbar und spürbar, als ich es sonst erlebe. War es sein Einfach-präsent-Sein, sein nicht aufdringliches Um-sich-Schauen, sein Blick, die Weise, wie er den Raum „in Besitz" nahm? In seinem körperlichen Dasein war, so mein Eindruck, zugleich seine Seele anwesend. Manche Frauen zeigen in der Art und Weise, wie sie sich bewegen, etwa in der Anmut ihres Ganges, ihre Innen-Seite, ihre Seele. Sie unterscheiden sich deutlich von den wie tot wirkenden Abbildungen von Frauen in Sexzeitschriften, die anscheinend alles zeigen, nur nicht ihre Seele.

Leib und Seele dürfen nicht gegeneinander ausgespielt werden. Genauso wenig wie Sexualität und Spiritualität zu sich ausschließenden Gegensätzen gemacht werden dürfen. Zu wissen, dass in unserem Leib auch unsere Seele wohnt, kann den Respekt und die Fürsorge gegenüber unserem Leib fördern. Die Hochachtung, die der Seele gilt, die Zeit, die wir ihrer

Pflege schenken, gebühren in gleicher Weise unserem Körper. Auf der anderen Seite soll unserer Seele die gleiche Aufmerksamkeit und Bedeutung zukommen wie unserem Körper. Erst dann haben Seele und Leib wirklich etwas davon. Wir sind dann auch gefeit vor extremen Haltungen, die uns in der Regel nicht gut tun und uns unausgeglichen sein lassen. Die Seele, die in einem vernachlässigten Körper ihr Dasein fristen muss, wird dadurch selbst vernachlässigt und lässt uns das durch Depression, Apathie und Übellaunigkeit spüren. Ein noch so gut durchtrainierter Körper vermag die Seele nicht zu ersetzen. Vernachlässige ich die Seele oder übergehe ich sie gar, zeigt sie sich auch nicht in meinem Gang, meinen Augen – den Fenstern meiner Seele – oder der Art und Weise meines Anwesend-Seins.

„Für mich ist die Seele gleichbedeutend mit dem Bewusstsein oder Gefühl des Menschen, zu einer größeren, einer universellen Ordnung zu gehören", meint Alexander Lowen (1988, 53). „Ein solches Gefühl muss auf die reale Erfahrung zurückgehen, dass man auf irgendeine vitale oder spirituelle Art zum Universum gehört oder mit ihm verbunden ist. Das Wort ‚spirituell' hat in diesem Zusammenhang nichts mit Geist oder Verstand zu tun – ich verwende es als Adjektiv zu Lebensgeist, Pneuma, Energie. Ich glaube, dass die Energie unseres Körpers mit der Energie ringsum in der Welt und im Kosmos verbunden ist und dass sich beide ständig gegenseitig beeinflussen. Der Mensch ist kein isoliertes Phänomen. Diese Verbindung und Wechselwirkung spürt jedoch nicht jeder von uns. Ich habe den Eindruck, dass einem Menschen, der isoliert und entfremdet ist, auch die seelische oder beseelende Eigenschaft fehlt, die denjenigen auszeichnet, der sich als Teil einer grösseren Ordnung fühlt."

Seele und Körper – sie lassen sich nicht trennen. Sie brauchen sich gegenseitig. Lasse dich daher von deiner Seele zu einer liebevollen Haltung gegenüber deinem Körper animieren. Betrachte deinen Leib als Teil, als Ausdruck deiner Seele. Sei dir immer wieder bewusst, dass deine Seele sich durch dich, das heißt, deinen Leib, deine Art des Gehens, deine Weise des In-der-Welt-Seins, deine Augen, sich zum Ausdruck bringen will. Lasse dich von ihrer Kraft entzünden. Lasse dein leibliches In-der-Welt-Sein, deine leibhaften Beziehungen zu Menschen und zu Gott von ihr bestimmen und beseelen. Überlasse ihr auch hier die Führung. Wenn du sie lässt, wird sie ihre Weise finden, um durch deinen Leib sich zu zeigen, dich, deine Mitwelt und Umwelt zu beseelen.

Nachdenken – Nachspüren – Inspirieren – Beseelen

Welche Bedeutung misst du deinem Körper, deinem Leib zu? Bist du sensibel für seine Bedürfnisse? Pflegst du ihn? Tust du etwas für seine Ertüchtigung? Oder behandelst du ihn wie einen Gegenstand, dem du ab und zu deine Aufmerksamkeit schenkst, dich aber letztlich nicht wirklich um ihn kümmerst?

Siehst du einen Zusammenhang zwischen Spiritualität und der Art und Weise, wie du mit deinem Körper umgehst? Vertragen sich deiner Meinung nach übermäßiges Rauchen und übermäßiges Trinken mit einer gesunden Spiritualität? Verträgt sich ein Raubbau deines Körpers, wenn du dir z.B. nicht genügend Ruhe gönnst, wenn du übermäßig isst, wenn du dich zu wenig bewegst, mit der Vorstellung, dass Gott dir diesen Leib, diesen Körper geschenkt hat, um auch darin Ihn zu preisen, um durch deinen Körper etwas von seiner Menschenfreundlichkeit, von seinem Wohlwollen zu erfahren?

Gibt es in deiner Spiritualität auch Raum für ein frommes Nichtstun, für die Fähigkeit, einfach nur da sein, da zu sitzen, z.B. in der Sonne, dich von der Sonne küssen zu lassen und dir deines Daseins bewusst zu werden? Oder verbindest du mit religiösem Leben vor allem Pflicht, Arbeit, Stress, etwas leisten zu müssen?

Stell dir vor, dass dein Leib der Tempel Gottes ist, in dem Er Wohnung genommen hat. Lass' dich einfach von dem Gefühl und dem Gedanken gefangen nehmen und durchwehen, dass dein Leib Gott als Wohnung dient. Sei offen dafür, was das mit dir macht.

69

Gott hat in Jesus Christus menschliche Gestalt angenommen. Er ist kein Engel geworden. Er ist Mensch geworden. Menschwerdung ist ohne Leib-Werdung undenkbar. Was heißt das für dich spirituell?

Sei offen dafür, dass deine Seele auch in deinem Leib zum Ausdruck kommen möchte, dich, deinen Leib beseelen möchte. Wie wirkt sich das auf deine Einstellung gegenüber deinem Leib aus? Wo siehst du Möglichkeiten dafür, dass du deiner Seele noch mehr Raum lässt, sich in deinem Leib, in deiner Einstellung zu deinem Leib zum Ausdruck zu bringen?

„Ich habe nicht einen Leib, ich bin mein Leib.
Es ist eine große Kränkung – eine Dauerkränkung -
Würde ich mich in Bezug auf meine Beine oder meine Ohren
Oder was auch immer an meinem Leib
Nicht annehmen können.
„Ich bin schön!"
Das ist ein ebenso selbstverständlicher
als auch aufregender Satz.
Mein Leib ist das Gedächtnis all meiner Erfahrungen.
Fortwährend wird Wort immer noch Fleisch.
Ob ich Gott liebe – das ist eine Frage.
Ob ich mich liebe – das ist auch eine Frage.
Wie kann jemand die eine Frage bejahen,
wo er die andere verneint?
Nein! Ich liebe Gott nur, wenn ich mich liebe.
Alles Leben als Mensch ist Leben im Leib.
Geistliches Leben braucht einen Leib,
mit dem es gelebt wird;
ein Wort, ein Lachen, ein Herz voller Herz.
Glauben ist eine Körperhaltung und Gangart,
eine Weise zu lachen und hinzuschauen.
Immer:
Wie ich berühre, werde ich berührt.

An Achtsamkeit und Ehrfurcht hängt alles.
Es gilt, mit dem Leib zu beten.
„Gott,
schau meine Leidenschaft,
höre den Schrei meines Sehnens,
gewahre das Feuer in Haut und Haar
und merke das Zittern der Kraft,
und dass es glüht in mir
für dich
als mich
als dich im Geheimnis des Geistes als Fleisch."

(Meinrad Dufner)

Lass dich von Gott finden

Bevor die Seele Gott sucht,
sucht Gott die Seele.

Johannes von Kreuz

Was soll ich noch alles leisten? Was will ich nicht alles erreichen? Wie viele Sehnsüchte treiben mich an, beherrschen mich, beflügeln und bestimmen mich nicht? Ich komme gar nicht mehr zu Ruhe, stehe unter Druck, investiere viel Kraft, verausgabe mich. Ich will das erreichen. Ich will dahin kommen. Ich will die Erfüllung der Sehnsucht erfahren. Und zu alledem kann hinzukommen, dass ich auch Gott erfahren, ihm begegnen will. Auch hier mühe ich mich ab.

Wie befreiend muss auf diesem Hintergrund die Vorstellung wirken, dass Gott unsere Seele sucht, lange bevor sich unsere Seele aufmacht, Gott zu suchen. Ich merke bei mir zugleich auch ein Zögern. Ich höre mich sagen: „Das klingt ganz schön, aber ist das wirklich so? Wenn es nun aber nicht so ist und ich mich darauf verlasse, bin ich dann nicht letztlich verlassen?" Es bedarf dazu des Glaubens und des Vertrauens. Hier komme ich an den alles entscheidenden Punkt, an dem die Grund-Entscheidung meines Lebens, wie ich in der Welt lebe, wie ich mein Leben sehe, getroffen wird. Lebe ich wie die Vögel des Himmels, die nicht säen und dennoch ernten, umsorgt werden vom himmlischen Vater? Überlasse ich mich, mein Leben, wirklich Gott? *Wirklich*, dass er *wirk*en kann, das seine Gnade als Ausfluss seiner bedingungslosen Liebe in mein Leben hineinwirken kann? Oder glaube ich mein Leben in die Hand nehmen, es richten zu müssen? Glaube ich, dass ich es bin, der Gott auf sich aufmerksam machen muss, der sich anstrengen muss, um ihn zu finden und ihn dann bei guter Laune zu halten?

Es ist offensichtlich gar nicht so einfach, sich von Gott finden zu lassen, wirklich daran zu glauben, dass Gott mich alleine findet, ohne dass ich ihn auf mich aufmerksam machen muss, ja, dass er mich längst gefunden und entdeckt hat. So ist das Los-Lassen, das eigentlich Schwierigere. Die Vorstellung loszulassen, dass ich etwas tun muss, damit Gott mich entdeckt, ihm einfach zu vertrauen, dass er mich sieht. Das scheint so unendlich viel schwieriger zu sein als all die Aktivitäten, die wir unternehmen, um Gottes Aufmerksamkeit auf uns zu lenken und ihn uns gegenüber gnädig zu stimmen. Dabei könnte der Verzicht auf diese Aktivitäten, das Aushalten der Unsicherheit, das vorbehaltlose Sich-Ergeben in Gottes Verfügbarkeit genau das sein, was uns Gott näher bringt, sein „Bemühen", uns nahe zu sein, unterstützt. Thomas Merton (2000, 71f.) meint:

> *„Wir sind Trunkenbolde und Wahnsinnige. Wir ergreifen die Tasse hastig mit unseren wilden, schwächlichen, hilflosen und zappelnden Händen, sodass die Tasse hinunterfällt, das Getränk verschüttet wird und wir verdursten. Wenn wir nur unsere Hände von der Tasse fern hielten, würde uns Gott selbst daraus zu trinken geben, er selbst würde die Tasse halten, die wir zu krank und zu schwach sind, ohne zu verschütten zu halten. "*

Loszulassen Gott zu suchen – das kann einen ganz schön unter Druck setzen. So sehr, dass es angezeigt ist, *davon* loszulassen, ständig zu versuchen, Gott loszulassen. Am Ende bleibt dann nur – und das immer wieder – *einfach zu sein*. Und dieses *einfach sein*, das doch so leicht sein müsste, scheint das Allerschwierigste zu sein, das uns Menschen je aufgetragen worden ist.

Gilt das auch für unsere Seele? Ist es auch für sie so unendlich schwer? Sie wird uns zu Gott führen. Sie will, dass wir Gott in uns entdecken, dass Gott in uns aus der Tiefe aufsteigen kann, um uns mit seiner Anwesenheit zu erfüllen, um in uns zu erstrahlen. Sie muss sich dabei nicht anstrengen. Sie wird von Gott selbst geführt, der sie wie ein Magnet anzieht. Er führt sie zu sich. Sie ist seine Botin, unterwegs in seinem Auftrag, wie wenn sie ein Teil von ihm wäre, der darauf aus ist, zu ihm zurückzukehren, um wieder ganz seiner teilhaftig zu werden.

So muss ich meine Seele gar nicht ausschicken, um Gott zu suchen. Ich darf ihr einfach die Führung überlassen und mich ihr anschließen, wenn sie mich in die Beziehung zu Gott bringen möchte. Ich darf darauf vertrauen, dass Gott selbst sich um meine Seele kümmert, lange bevor *sie* nach ihm Ausschau hält. Ich kann mit Charles de Foucauld beten:

> *„In deine Hände lege ich meine Seele;*
> *ich gebe sie dir, mein Gott,*
> *mit der ganzen Liebe meines Herzens,*
> *weil ich dich liebe*
> *und weil diese Liebe mich treibt,*
> *mich dir hinzugeben,*
> *mich in deine Hände zu legen, ohne Maß,*
> *mit einem grenzenlosen Vertrauen;*
> *denn du bist mein Vater.“*

„Wer sich einmal dem Schicksal überlassen hat, der ist befreit“, sagt Hermann Hesse. Spirituell ausgedrückt heißt das für mich: Wer sich einmal Gott bedingungslos anvertraut hat, der ist befreit.

Ich bin mir bewusst, dass es bis dahin ein langer Weg ist. Ein Weg, der gekennzeichnet ist von Phasen, in denen mir das gelingt, und von Zeiten, in denen ich ein solches Vertrauen nicht aufbringe. Überlasse ich mich meiner Seele, wird sie mich – immer wieder – dahin bringen, wohin ich gehen will. Sie wird mich wie ein Engel auf dem Weg dahin begleiten und mir bei Durststrecken oder wenn ich glaube, dass es nicht mehr weitergeht, beistehen und weiterhelfen.

Vertraue also deiner Seele. Vertraue ihr gerade dann, wenn du glaubst nicht mehr weiterzukommen. Überlasse dich ihrer Fürsorge. Vertraue darauf, dass sie dir weiterhilft, dir den Weg zeigt, den du gehen sollst. Sie führt dich dahin, wohin du gehen sollst. Sie führt dich letztlich auch zu Gott, der dir längst entgegengekommen ist.

Nachdenken – Nachspüren – Inspirieren – Beseelen

Was lösen folgende Aussagen von Meister Eckhard bei dir aus:
„Gott um Gottes Willen sein lassen, damit er mir bleibe…" und:
„Ich bitte Gott, dass er mich von Gott frei macht…"

Kann ich mir vorstellen, dass Gott mich liebt, ohne dass ich dafür
etwas leisten muss? Kann ich diese Vorstellung wirklich aushalten?
Was macht es mir schwer, diese Vorstellung auszuhalten?

„Erfüllt mit Vertrauen und Dank
über all das
was heute möglich geworden ist
an Begegnungen und lebensfördernden Aktionen

Staunend bin ich in dieser Dankbarkeit
am Ende des Tages
und stammle leise

Was ist der Mensch
dass DU dich um ihn kümmerst
des Menschen Kind
dass DU es beachtest

Geheimnis meiner Menschwerdung
komme ich einer Antwort
auf die Spur"

(Psalm 144 nach Pierre Stutz, 1996, 156)

Nimm dir Zeit, an einem ruhigen Ort sitzend oder gehend, dich von
der Vorstellung erfüllen zu lassen, dass Gott dich längst gefunden
hat, dass Gott dich längst entdeckt hat, dass Gott um dich weiß,
immer bei dir ist, lange bevor deine Seele sich aufmacht, ihn zu
suchen und zu finden. Öffne dein Herz und deine Seele für diese
Wahrheit, sodass sie dich im Tiefsten, in deinem Herzen, in deiner

Seele ergreifen und berühren kann, dass du Gottes Anwesenheit ganz tief in dir erfahren darfst und du jetzt nicht nur weißt, sondern tief in dir spürst: Du, mein Gott, bist da. Du hast mich längst entdeckt. Alles, was mir bleibt, ist, mich zu freuen, dass du da bist, und dir zu danken, dass du bei mir bist. Ganz tief aus mir heraus glaube ich, dass du mich liebst, mich beachtest, ich dir alles bedeute.

Werde wie ein Kind

Wenn man mit der Seele in Berührung kommt, lässt sie einen einfältig werden wie ein Kind, was man nach Christi Worten sein soll.

Oscar Wilde

Es war wohl im Jahre 1980, als der greise Eric Erikson, einer der Pioniere der Entwicklungspsychologie, in der Grace Kathedrale in San Francisco anlässlich einer Gedenkfeier für Kinder einen Vortrag hielt. Es war dem Ort entsprechend eher eine Predigt als ein Vortrag. Ich saß weit hinten in der Kirche und erinnere mich nur noch, vorne im Altarraum diesen alten, hageren, aufrecht stehenden Mann zu sehen, der im Verlauf seiner Ausführungen auch den bekannten Satz aus der Bibel zitierte: „Wenn ihr nicht werdet wie die Kinder, werdet ihr nicht in das Himmelreich eingehen."

In seinen Büchern vergleicht Eric Erikson die Kinder mit den alten Menschen. Deren Gelassenheit erinnert an die Sorglosigkeit der Kinder. Die Hoffnungsfülle der alten Menschen – im Englischen mit *hope-ful-ness* übersetzt, findet sich im Hüpfen, dem Unbeschwertsein, der Kinder wieder. *Hope* und hüpfen, Worte, die allein vom Aussprechen her ähnlich klingen, verbindet das vertrauensvolle Nach-Vorne-Gehen.

Henry Thoreau (1979, 193), der über eine lange Zeit getrennt von der Zivilisation in einer Hütte lebte, sagt, dass wir von den Kindern lernen können, was es heißt zu leben. „Die Kinder, die das Leben spielen, erfassen seine wahren Gesetze und Beziehungen richtiger als die Erwachsenen, die es nicht fertig bringen, es würdig zu leben, sich aber duch Erfahrung, das heißt: das Fehlschlagen ihrer Pläne, für weiter halten." Bei aller Würdigung unserer intellektuellen Leistungen und der Notwendigkeit, klare, vernünftige und verantwortungsvolle Entscheidungen zu treffen, geht es darum, die Fähigkeit, einfach zu leben, nicht zu verlieren. Die Spontaneität, die Lebendigkeit, die Kreativität und Impulsivität sollen nicht einfach dem Vorgegebenen geopfert werden. Wir werden sonst immer mehr zu Sklaven des „du sollst", „du musst", der Verpflichtungen, Erwartungen, der Etikette usw. Das Kind in uns stirbt dann, und unsere Lebendigkeit erstarrt in vorgegebenen Schablonen und Rastern.

Es geht uns eine entscheidende Qualität von Lebendigkeit verloren, wenn wir die kindliche Seite in uns nicht erhalten oder für uns wiedergewinnen. Es mag einfältig erscheinen, diese Seite in sich bewahren zu wollen. Und es hat in der Tat auch etwas mit Einfalt zu tun, freilich einer Einfalt im Sinne von Friedrich Schiller, wenn er sagt:

> *„Und was kein Verstand der Verständigen sieht,*
> *das übet in Einfalt ein kindlich Gemüt."*

Mit fällt dazu eine Begebenheit mit unserem Sohn Thomas ein, als er etwa 5 oder 6 Jahre alt war.

Thomas klingelte Sturm. Er war ganz aufgeregt. Er hatte sich auf die Bank vor unserem Haus gesetzt, und da ging – er konnte es nicht fassen – die Oma Käthe am Haus vorbei. Oma Käthe war vor einem halben Jahr gestorben. „Mama, Mama", rief er, „Die Oma Käthe lebt. Ich habe sie gesehen!" Meine Frau bat ihn ins Haus zu kommen und sprach mit ihm darüber. Sie sagte ihm, dass es nicht Oma Käthe gewesen sein kann, da sie gestorben sei. Er habe sie sicher mit einer anderen Person, die ihr ähnlich sehe, verwechselt. Thomas war enttäuscht. Er war nicht bereit, sich mit dieser Auskunft zufrieden zu geben, und hielt seiner Mutter entgegen: „Vielleicht ist sie ja auferstanden."

„Wenn ihr nicht werdet wie die Kinder!" Auch wenn Thomas Oma Käthe nicht gesehen hat, war für einen Augenblick seine Sehnsucht nach ihr erfüllt worden. Er hat für einen Moment geglaubt: das ist die Oma. Die Oma lebt. Ja, sie ist auferstanden. Er hat wirklich an ihre Auferstehung geglaubt. Er kann an die Auferstehung glauben und dabei alle Erfahrungen durchleben, die ich mache, wenn ein Mensch, den ich liebe und den ich verloren habe oder glaubte verloren zu haben, plötzlich wieder da ist. Seine Freude und seine Glückseligkeit entspringen dem gleichen, tiefen, inneren Impuls, wenn ich an Ostern ausrufen kann: „Er ist auferstanden! Er ist wahrhaft auferstanden!"

Zu werden wie ein Kind, heißt nicht, der vernünftigen, erwachsenen Seite in uns eine Absage zu erteilen. Es meint, das natürliche Kind in uns zuzulassen oder wieder zu entdecken. Die Anlagen in uns, die uns spontan, intuitiv, einfältig sein lassen vor lauter Vernunft und „das gehört sich nicht" nicht aussterben zu lassen. Denn das würde auch bedeuten, einen Teil unserer Seele nicht zuzulassen. Unsere Seele findet sich auch in unserem natürlichen Kind. Sie ist das Kind in uns, das den Liebenden Kosenamen ins Ohr flüstert. Sie lädt die Liebespartner zum Liebesspiel ein, will, dass sie einfach miteinander ihr Liebesspiel spielen, sich spüren, sich streicheln, zärtlich miteinander sind und Lust erfahren. Unsere Seele weiß, dass wir verrosten, versauern, furchtbar vernünftig und abstoßend starr werden können, wenn das Spielerische, das Lustvolle, das Genießerische, in unserem Leben zu kurz kommt.

Lass' also zu, dass deine Seele das Kind in dir weckt. Vertraue deiner Seele, wenn sie dich zum Lachen bringt oder dich was ganz Unvernünftiges sagen oder tun lässt. Sie will nicht, dass du nur funktionierst und deine Sache gut machst. Sie will, dass du lebendig bist. Sie will, dass du dich spürst, deiner Freude, deinem Jauchzen, deinem Ärger, deiner Enttäuschung Ausdruck verleihst. Sie will auch, dass du wieder zur Ekstase findest, die man dir als Kind ausgetrieben hat. Deine Seele lässt zu, dass du dich für einen Augenblick wie im siebten Himmel fühlst und bist du daraus auf den Boden der Wirklichkeit heruntergefallen und weinst wie ein Kind, das um eine Illusion ärmer geworden ist, dann nimmt sie dich in den Arm und tröstet dich. Vergiss nie, deine Seele ist deine Freundin, deine Spielgefährtin und dein Schutzengel. Sie wartet nur darauf, dass du sie dazu einlädst, mit ihr zu spielen. Manchmal wirbt sie einfach nur dafür, dass du mit ihr das Leben, *dein* Leben spielst.

Nachdenken – Nachspüren – Inspirieren – Beseelen

Versuche dich zu erinnern, was dir als Kind Spaß machte, was du aber eine lange Zeit nicht mehr getan hast. Was war das? Was davon kannst du jetzt tun? Wähle etwas aus, was für dich in Ordnung ist jetzt zu tun, z. B. barfuß über eine Wiese oder den Waldboden zu gehen, auf einen Baum zu klettern, dich in die Wiese zu legen und von der Sonne küssen lassen usw.

Was heißt für dich, das Kind in dir zuzulassen? Staunen können? Begeistert sein zu können? Spontan sein zu können? Ekstatisch sein zu können? Deine Gefühle von Freude, von Ärger, von Enttäuschung, von Wut zulassen zu können? Wann gelingt dir das, wann gelingt es dir nicht? Worauf führst du das zurück, dass es dir nicht möglich ist?

Wo entdeckst du in deinen Liebesbeziehungen das Kind in dir? Inwieweit kann das Kind in dir dich dazu ermuntern, in deinen Liebesbeziehungen mehr das Spielerische, das Spontane zuzulassen?

Wo entdeckst du in deinem Kindsein, im Zulassen deines inneren Kindes, deine Seele? Was ist wichtig zuzulassen, damit deine Seele ihre kindliche Seite leben und für dein Leben fruchtbar machen kann?

„Könnte ich mein Leben noch einmal von vorn beginnen, würde ich versuchen, mehr Fehler zu machen. Ich würde alberner sein, würde ganz locker werden, nur noch ganz wenige Dinge ernst nehmen. Ich würde entschieden verrückter sein und weniger reinlich. Ich würde mehr Gelegenheiten beim Schopfe ergreifen und öfters auf Reisen gehn. Ich würde mehr Berge ersteigen, mehr Flüsse durchschwimmen und mehr Sonnenaufgänge auf mich wirken lassen. Ich würde mehr Schuhsohlen durchlaufen, mehr Eis und weniger Bohnen essen. Ich würde mehr echte Probleme und weniger eingebildete Nöte haben. Wie Sie

bemerkt haben werden, bin ich eine von denen, die vorsorglich, ver-
nünftig und gesund leben, Stunde für Stunde, Tag für Tag.
Nun, ich habe meine verrückten Augenblicke, aber wenn ich noch ein-
mal von vorn anfangen könnte, würde ich mehr verrückte Augenblicke
haben – genau gesagt: Augenblicke, einen nach dem andern, und
nichts mehr von Plänen zehn Jahre voraus. Wissen Sie, ich bin eine
von denen, die für alle Fälle Thermometer, Wärmflasche, Gurgelwas-
ser, Regenmantel und Fallschirm bei sich haben. Hätte ich ein zweites
Leben, ich würde sie zu Hause lassen.
Könnte ich mein Leben noch einmal von vorn beginnen, ich würde in
aller Herrgottsfrühe barfuß in den Frühlingsmorgen laufen und als
Letzte sagen: Jetzt ist der Herbst dahin. Ich würde mehr Hockey spie-
len, und vom Karussell würden sie mich nicht mehr herunterbringen."

(G. Wilkinson, 1986, 40)

„Da rief er ein Kind herbei, stellte es in ihre Mitte und sagte: ‚Amen,
das sage ich euch: Wenn ihr nicht umkehrt und wie die Kinder werdet,
könnt ihr nicht in das Himmelreich kommen. Wer so klein sein kann
wie dieses Kind, der ist im Himmelreich der Größte.'"

(Mt 18,2–4)

Vertraue

Der Springer muss mit ausgestreckten
Armen und offenen Händen darauf
vertrauen, dass sein Fänger da sein wird.

Der Trapezkünstler Rodleigh

Auf der Autofahrt von Würzburg nach Münsterschwarzach – es war am Tag der Einweihung des Recollectio-Hauses – vertraute mir Henri Nouwen an, dass er in den letzten Tagen bereits fünf mal die südafrikanische Trapezgruppe „Flying Rodleighs" besucht hatte. Er habe beim Zuschauen und den Gesprächen mit den Mitgliedern der Gruppe viel über spirituelles Leben gelernt. Es ziehe ihn regelrecht dort hin. In seiner Biografie über Henri Nouwen berichtet Jurjen Beumer (1998, 84) von einem Gespräch, das zwischen Henri Nouwen und Rodleigh, dem Leiter der Gruppe, stattfand:

> *Er sagte: „Wenn ich springe, muss ich absolutes Vertrauen haben zu dem, der mich fangen muss. Du denkst vielleicht – wie die meisten Zuschauer –, dass ich der große Star am Trapez bin. Der wirkliche Star ist aber Joe, der mich fängt. Er muss mich genau im richtigen Moment aus der Luft holen, wenn ich im Weitsprung auf ihn zukomme". „Wie gelingt das?" frage ich. „Nun", sagt Rodleigh, „das Geheimnis ist, dass ich das Fangen ganz Joe überlasse und selbst nichts tue. Wenn ich nach meinen Saltos auf Joe zukomme, muss ich einfach meine Arme und Hände zu ihm ausstrecken und darauf warten, dass er mich fängt und mich sicher wieder heimholt." „Du machst also nichts!" sagte ich erstaunt." „Nichts", wiederholte Rodleigh. „Das Schlimmste, was ein Springer tun kann, ist zu versuchen, den Fänger zu fangen. Nicht ich*

soll Joe fangen, sondern Joe muss mich fangen. Wenn ich Joes Handge-
lenke ergreifen würde, könnte ich sie brechen. Das wäre für uns beide
das Ende! Ein Springer muss springen und ein Fänger muss fangen,
und der Springer muss mit ausgestreckten Armen und offenen Händen
darauf vertrauen, dass sein Fänger da sein wird. "

Ich finde dieses Gespräch faszinierend. Ich kann Henri Nouwen gut verstehen, dass er geradezu überwältigt war von der Begegnung mit den
„Flying Rodleighs". Für mich wird hier ein Grundthema menschlichen
Seins und damit ein Grundthema spirituellen Lebens angesprochen. Es
geht um das Urvertrauen: die Fähigkeit, sich einem anderen vorbehaltlos
überlassen zu können.
Es ist verständlich, dass dies vielen Menschen nicht möglich ist. Zu
schrecklich sind für sie die Erfahrungen, die sie als Kind, als Jugend-
licher oder auch als Erwachsener gemacht haben. Erfahrungen, die sie
gelehrt haben, dass sie nicht gehalten, aufgefangen wurden, als sie sich
fallen ließen, dass sie getäuscht und enttäuscht wurden, als sie sich auf
andere verließen. Doch auch, wenn das Vertrauen-Können nicht durch
schlimme oder manchmal auch traumatische Erfahrungen angeschlagen
oder beschädigt worden ist, bleibt es ein Leben lang eine Herausforderung, sich einem anderen Menschen ganz anvertrauen und überlassen zu
können.
Ich muss darauf vertrauen, dass *der andere* mich auffängt, wenn ich mich
fallen lasse. Ich kann und darf mich nicht länger nur auf mich verlassen.
Ich selbst kann dann nicht länger für meine Sicherheit bürgen. Es ist, wie
wenn ich ein Flugzeug besteige und mich von jetzt ab dem Piloten der
Maschine überlasse. „Wenn ich nach meinen Saltos auf Joe zukomme,
muss ich einfach meine Arme und Hände zu ihm ausstrecken und darauf warten, dass er mich sicher wieder heimholt." „Du machst also
nichts?"… „Nichts", wiederholte er. Dieses „nichts machen" ist, was am
schwersten fällt. Mich einfach, ohne Wenn und Aber, fallen zu lassen, im
Vertrauen darauf, vom anderen aufgefangen zu werden.
Das ist auch die Situation, in der ich mich wieder finde, wenn ich mein
Leben meiner Seele überlasse. Ich muss mich dann wie Rodleigh nach

Joe ausstrecken im Vertrauen darauf, dass sie mich auffängt. C.G. Jung berichtet, dass er sich vor allem in Zeiten, in denen sein bewusstes Ich nicht mehr mit der Situation zurecht kam, an seine Anima, seine Seele, wandte. Das mag zunächst einfacher klingen, als es in Wirklichkeit ist. Sich dieser Macht und Kraft in mir zu überlassen, ist aber keine harmlose Angelegenheit. Ich überlasse damit den weiteren Verlauf meines Lebens der Führung einer Kraft, deren Regungen und Bewegungen nicht länger mein bewusstes Ich beeinflusst und steuert. Ich lasse mich damit auf das Risiko ein, in eine Richtung geführt, auf Wege gelenkt zu werden, die mir selbst nie in den Sinn gekommen wären. Ja, die mich möglicherweise von der Richtung und den Wegen wegbringen, die bisher mein Leben bestimmt haben.

Ich kann daher nur dann meiner Seele bedingungslos die Führung in meinem Leben überlassen, wenn ich ihr – wie es Rodleigh gegenüber Joe tut – vertraue, wenn ich felsenfest davon überzeugt bin: Sie fängt mich auf, führt mich heim, will mir gut. Auf sie ist Verlass. Es ist der gleiche Vorgang, der die Situation des Menschen kennzeichnet, der sich bedingungslos Gott überlässt, fallend ihm seine Hände entgegenstreckt, darauf wartend, von ihm aufgefangen zu werden. Es ist die Seele, es ist Gott, die uns auffangen. Das „einzige", was wir leisten müssen, ist, uns ganz und gar loszulassen, ganz und gar darauf zu vertrauen, dass sie uns auffangen. Ja nicht zu versuchen, aus Unsicherheit heraus, „den Fänger zu fangen". Das wäre das Ende. „Ein Springer muss springen und ein Fänger muss fangen, und der Springer muss mit ausgestreckten Armen und offenen Händen darauf vertrauen, dass sein Fänger da sein wird."

Vertraue darauf, dass dich deine Seele auffängt, wenn du ihr die Führung in deinem Leben überlässt. Wie du Gott vertrauen kannst, dass er dich auffängt und heimholt, wenn du ihm dein Leben überlässt. Habe Mut, dich fallen zu lassen, dich ganz loszulassen. Nicht, um dich irgendjemandem zu überlassen, sondern deiner Seele, Gott. Sie werden dich nicht enttäuschen. Sie werden dein Vertrauen nicht missbrauchen. Auf sie ist Verlass. Wundere dich freilich nicht, wenn sie dich Wege führen, mit denen du nicht gerechnet hast, und sei dir bewusst, dass dadurch dein Leben nicht unbedingt bequemer und sicherer wird, mitunter sogar schwieriger und verwirrender. Allein, es wird bis zum Schluss aufregend, lebenswert und vor allem *dein* Leben sein, beseelt und aufgehoben in Gott.

Nachdenken – Nachspüren – Inspirieren – Beseelen

Gibt es Menschen in deinem Leben, denen du bedingungslos vertrauen kannst? Geht es dir bei ihnen so, wie es Rodleigh mit Joe geht, dass du dich einfach felsenfest darauf verlässt, dass sie dich auffangen, wenn du dich fallen lässt?

Wie würde dein Leben aussehen, wenn du nicht länger meinen würdest, dass du alles regeln, ordnen, lenken, ausrichten musst, dass du dich einfach auch deiner Seele, Gott überlassen kannst, du darauf vertrauen darfst, dass sie um dich wissen und für dich sorgen? Lass dich wirklich einmal auf diese Vorstellung ein. Was löst das in dir aus? Macht es dir Angst? Erleichtert dich diese Vorstellung? Kommst du evtl. mit einem tiefen Misstrauen gegenüber anderen, gegenüber Gott, gegenüber deinem eigenen innersten Selbst in Berührung?

Erinnere dich an Situationen in deinem Leben, in denen du dich auf andere Menschen verlassen hast und nicht enttäuscht worden bist. Erinnere dich auch an Situationen in deinem Leben, in denen du dich auf andere verlassen hast, enttäuscht worden bist und das Gefühl hattest, fallen gelassen worden zu sein.

„Ich suche nicht – ich finde.
Suchen, das ist Ausgehen von alten Beständen
und ein Finden – Wollen
von bereits Bekanntem im Neuen.
Finden – das ist das völlig Neue,
das Neue auch in der Bewegung.

Alle Wege sind offen,
und was gefunden wird, ist unbekannt.
Es ist ein Wagnis, ein heiliges Abenteuer.
Die Ungewissheit solcher Wagnisse
können eigentlich nur jene auf sich nehmen,
die im Ungeborgenen sich geborgen wissen,
die in die Ungewissheit,
in die Führerlosigkeit geführt werden,
die sich im Dunkel einem unsichtbaren Stern überlassen,
die sich vom Ziel ziehen lassen
und nicht menschlich eingeschränkt und eingeengt
das Ziel bestimmen.
Dieses Offensein für jede neue Erkenntnis,
für jedes neue Erlebnis
im Außen und Innen:
Das ist das Wesenhafte des modernen Menschen,
der in aller Angst des Loslassens
doch die Gnade des Gehaltenseins
und im Offensein
neue Möglichkeiten erfährt. "

(Pablo Picasso, 1994)

„Vor dir sei Gott,
um dir den rechten Weg zu zeigen.
Neben dir sei Gott,
um dich in die Arme zu schließen
und dich zu schützen
gegen Gefahren von links und rechts.
Hinter dir sei Gott,
um dich zu bewahren
vor der Heimtücke böser Menschen.
Unter dir sei Gott,
um dich aufzufangen, wenn du fällst,

86

und dich aus der Schlinge zu ziehen.
In dir sei Gott,
um dich zu trösten,
wenn du traurig bist.
Um dich herum sei Gott,
um dich zu verteidigen,
wenn andere über dich herfallen.
Über dir sei Gott,
um dich zu segnen.
So segne dich der gütige Gott.
Amen. "

(Altchristliches Segensgebet)

Lebe aus deinem Bauch und Herzen heraus

*Wir sind Pflanzen, die – wir mögen's uns
gestehen oder nicht – mit den Wurzeln aus
der Erde steigen müssen, um im Äther
blühen und Früchte tragen zu können.*

Johann Peter Hebel

Psychotherapeuten ermuntern uns immer wieder, aus dem Bauch heraus zu leben. Sie meinen damit, in unserem Leben die Gefühle zuzulassen, spontan zu sein, zu unseren Bedürfnissen, Wünschen und Sehnsüchten zu stehen. Das gilt vor allem für Menschen, die vom Kopf her leben oder deren Leben sich vorwiegend im Kopf abspielt. Sie sollen neben dem Kopf, dem Nachdenken und Analysieren, auch mit ihren Gefühlen in Kontakt kommen, sie zulassen und von daher ihr Tun und Leben bestimmen lassen.

Ich denke an Hans, der sehr ausschweifend davon erzählen kann, was ihm in der Therapie deutlich geworden ist und woran er weiterarbeiten muss. Ich gewinne zunehmend den Eindruck, dass er stundenlang so weitererzählen und vermutlich noch viele Jahre seines Lebens damit verbringen könnte, sich darüber Gedanken zu machen, wie es in seinem Leben weitergehen könnte und was sonst noch anzuschauen wäre. Ich merke als sein Therapeut, wie ich unruhig und ungeduldig werde und ihm wünschen möchte – später kann ich ihm das auch sagen –, endlich einmal anzufangen zu l e b e n. Nicht länger sich in seinem Denken und Darüber-Nachdenken gefangen zu halten, noch ein Tagebuch mit seinen Gedanken und Überlegungen voll zu schreiben. Sondern: einfach zu leben. Den Sprung in das Leben zu wagen. Aus dem Bauch heraus zu leben. Ich weiß, das ist leichter gesagt als getan. Es gibt sicher viele Gründe dafür, dass Hans – und er steht für viele andere – das nicht so einfach kann. Und dennoch: Ich möchte dir Mut machen, immer wieder aus dem Bauch heraus zu leben, nicht nur dem Kopf die Führung in deinem Leben zu überlassen. Damit ist keine Abwertung gegenüber einem überlegten und vernünftigen Verhalten ausgesprochen. Ich will dir vielmehr Mut machen, *auch* deine Gefühlsseite für dein Leben fruchtbar zu machen. Die Gefühle gehören nicht weniger als unsere Gedanken und unsere Vernunft zu unserem Leben. Die Gefühle sind wie das Wasser, das im Gurkenglas dafür sorgt, dass die Gurken nicht austrocknen.

Weiter kommt über deine Gefühle ganz Wesentliches deines Seins zum Ausdruck. Deine Gefühle sind die Sprache deines Herzens. Dein Herz ist die Quelle deiner Fruchtbarkeit. Von dort gehen deine Gefühle aus. Dort sammeln sie sich. Dein Herz ist das Zentrum deines Gemütes. Dort erlebst du Freude, dort durchlebst du deine Trauer. Aus dem Bauch heraus leben, kann daher auch heißen, aus dem Herzen heraus zu leben.

Martin Heidegger gebraucht in seinem Büchlein über die Gelassenheit den Ausdruck *herzhaft bedenken*. Für mich heißt das, mein Denken und Nachdenken mit meinen Gefühlen, meinem Herzen zu verbinden, nicht losgelöst von ihnen, ohne den Saft der Gefühle, also trocken etwas zu bedenken. Unser Denken soll durchsetzt sein von unseren Gefühlen. Unsere Gedanken und Gefühle werden dann nicht länger voneinander getrennt behandelt. Herz und Verstand gehen Arm in Arm miteinander. Für den Psychologen Abraham Maslow, einen der Väter der Humanistischen Psychologie, ist die Fähigkeit, Herz und Verstand miteinander verbinden zu können, ein wichtiges Erkennungszeichen der Person, die bewusst lebt und ein grosses Interesse daran hat, das, was in ihr angelegt ist, zur Entfaltung zu bringen. Kann ich Herz und Verstand miteinander verbinden, ist in dem, was ich sage und tue, mehr von mir beteiligt. Benutze ich dagegen nur den Verstand oder nur die Gefühle, bin und wirke ich wie halbiert.

Manchmal verschanzt sich unser Herz hinter einem Schutzpanzer. Der Grund dafür können Verletzungen sein, die uns – oft schon sehr früh in unserem Leben – zugefügt worden sind. Alexander Lowen (1993), der Begründer der Bioenergetik, kennt das aus seinem eigenen Leben. „Ich hatte als kleines Kind erfahren, wie herzzerreißend es ist, wenn man betrogen oder verraten wird. Ich hatte erlebt, dass meine Mutter wütend auf mich wurde, obgleich ich sie nur darum bat, in meiner Nähe zu bleiben. Ich beschützte mein Herz, damit es nicht wieder so verletzt würde. Leider nahm dieser Schutz den Charakter einer Einkerbung an, denn ich blockierte den Kommunikationsweg zwischen meinem Herzen und der Welt, und mein Herz siechte dahin... Jedes Herz braucht einen Kopf, der ihm Augen und Ohren schenkt, damit es mit der Wirklichkeit in Kontakt bleiben kann. Man darf aber nicht zulassen, dass der Kopf die Macht übernimmt; das wäre Verrat am Herzen."

Beim Frühstück lese ich in der Süddeutschen Zeitung unter der Überschrift: „Psychogramm eines Mannes ohne Selbstzweifel – Ein Schutzpanzer als Zwangsjacke", dass der Minister endlich zurückgetreten ist. Warum hat er den Druck so lange ausgehalten? Er, so heißt es, „ist von einem Panzer, einem Schutzpanzer, umhüllt – oder besser: Er hat ihn sich in den letzten Monaten und Jahren immer härter gezimmert. Einmal, während eines Gespräches in seinem Bonner Büro, sagt er: ‚Nach jeder Krise, die man übersteht, entsteht irgendwo im Körper ein neuer Muskel. Man wird ein Stück stählerner'. Durch dieses Schild kommt nicht mehr viel durch, vor allem aber lässt dieser Panzer keinerlei Selbstzweifel, keine Form von Selbstkritik zu. Er sagt, er habe in seinem Leben noch niemals Angst gehabt, ‚dieses Gefühl kenne ich nicht'...."

Für Alexander Lowen ist das Herz der Mittelpunkt oder Kern des Lebens. „Wer mit einem verschlossenen Herzen lebt, könnte ebenso im Laderaum eines Schiffes auf Kreuzfahrt gehen. Er ahnt und begreift nichts von der Bedeutung, dem Abenteuer, der Erregung und Herrlichkeit des Lebens. " (32) Ohne unser Herz vermag auch unsere Seele unser Leben nicht zu beseelen, weil wir sie ohne unser Herz nicht fühlen. Sie braucht das Herz dazu. Sie will, dass wir sie über unser Herz spüren. Über unser Herz *erfahren* wir unsere Seele.

Traue also deinen Gefühlen! Lass sie zu. Betrachte sie als Ausläufer deines Herzens, dem sie entströmen. Erst sie machen dich zu einem ganzen

Menschen. Sie verbreiten Fruchtbarkeit in dir und um dich herum. Sie tragen Sorge dafür, dass du im Saft stehst und somit nicht vertrocknest. Lass dein Tun und Verhalten von deinem Denken und deinen Gefühlen, deinem Verstand und deinem Herzen bestimmen. Denke daran: Deine Seele bedarf der Mitwirkung deines Herzens, soll sie in deinem Leben für dich erfahrbar und spürbar sein. Habe keine Angst, immer wieder auch aus dem Bauch heraus zu leben und spontan zu sein. Verstehe deine Gefühle auch als Impulse deiner Seele. Sie will über dein Herz, deine Gefühle für dich erfahrbar werden, um dein Leben zu bereichern und zu befruchten, um ihren Duft in dir und um dich herum zu verbreiten.

Nachdenken – Nachspüren – Inspirieren – Beseelen

Inwieweit bist du mit deinem Herzen in Berührung? Spürst du es? Hast du den Eindruck, dass dein Denken, deine Entscheidungen immer wieder auch von deinem Herzen mit beeinflusst werden?

Welches Verhältnis hast du zu deinen Gefühlen? Bist du in Berührung mit deinen Gefühlen? Kennst du die unterschiedlichen Formen deiner Gefühle, von Freude bis Trauer, von Liebe bis Hass? Kennst du die unterschiedliche Intensität deiner Gefühle?

Gelingt es dir, aus dem Bauch heraus zu leben, d.h. auch spontan zu sein, dich auf deine Gefühle zu verlassen, in der Art und Weise, wie du reagierst, deinen Kopf und deine Gefühle mit einzubeziehen?

Verbindest du mit Herz nur etwas Sentimentales und Romantisches oder auch etwas Dynamisches, wie Mitleid zu empfinden, tief angerührt zu werden können von etwas, so sehr, dass es sich vom Angerührt-Werden verwandelt in Aktion?

Traust du deinen Gefühlen? Glaubst du wirklich, dich auf sie verlassen zu können? Oder hast du Vorbehalte, dich auf deine Gefühle zu verlassen, weil du befürchtest, wenn du zu sehr aus deinen Gefühlen heraus reagierst, den Kürzeren zu ziehen, andere zu verletzen, oder Entscheidungen zu treffen, die du später bereust? Welche Konsequenzen möchtest du daraus ziehen? Heißt das für dich, nicht mehr auf deine Gefühle zu hören, oder kann es auch heißen, Herz und Verstand einzusetzen, beide Fähigkeiten bei deinen Entscheidungen mit einzubeziehen?

Dem Herzen zu trauen, sich auf die Gefühle zu verlassen heißt auch, der Leidenschaft in sich zu trauen und die Leidenschaft in sich zuzulassen.

„Eure Vernunft und eure Leidenschaft sind das Ruder und die Segel eurer seefahrenden Seele.
Wenn eure Segel oder Ruder brechen, könnt ihr nur noch schlingern und treiben oder auf hoher See festgehalten werden.
Denn die Vernunft ist, wenn sie allein waltet, eine einengende Kraft; und unbewacht ist die Leidenschaft eine Flamme, die bis zur Selbstzerstörung brennt.
Daher laßt die Seele eure Vernunft auf den Gipfel der Leidenschaft heben, damit sie singt.
Und laßt sie eure Leidenschaft mit Vernunft lenken, damit eure Leidenschaft ihre tägliche Auferstehung erlebt und sich wie der Phönix aus der Asche erhebt.
Ich wollte, ihr betrachtet euren Verstand und eure Gelüste wie zwei geliebte Gäste in eurem Haus.
Sicher würdet ihr einen Gast nicht mehr ehren als den anderen; denn wer den einen mehr beachtet, verliert die Liebe und das Vertrauen beider.
Wenn ihr zwischen den Hügeln im kühlen Schatten der weißen Pappeln sitzt und am Frieden und der Heiterkeit der Felder und Wiesen teilhabt – dann laßt euer Herz schweigend sagen: ‚Gott ruht in der Vernunft.'

*Und wenn der Sturm kommt und der mächtige Wind den Wald er-
schüttert und Donner und Blitz die Erhabenheit des Himmels verkün-
den – dann laßt euer Herz in Ehrfurcht sagen: ,Gott bewegt sich in der
Leidenschaft.'
Und da ihr ein Atemzug in Gottes Sphäre seid und ein Blatt in Gottes
Wald, sollt auch ihr in der Vernunft ruhen und in der Leidenschaft
euch regen."*

(Khalil Gibran, 1973)

Im Neuen Testament heißt es: „Du sollst den Herrn deinen Gott
aus deinem ganzen Herzen lieben." Finde für dich die richtige Weise, wie du Gott dein Herz geben kannst, wie du Gott aus deinem
ganzen Herzen lieben kannst, dein Herz gegenüber Gott so öffnen
kannst, dass das Tiefste in dir hinströmen kann zu Gott, und du die
Nähe von Gottes Herz spüren und erfahren darfst.

Höre auf das Dunkle und Schwere

Hinter dem Schmerz birgt
sich stets eine Seele

Oscar Wilde

Carl Gustav Jung vergleicht einmal die Depression mit einer Dame in Schwarz. Statt sie wegzuschicken, schlägt er vor, sie zu Tisch zu bitten und zu sehen, was sie zu sagen hat. Sein Vorschlag mag zunächst wie eine Zumutung klingen. Ist es doch ein verständliches Ziel, dass, wenn ich von einer Depression befallen bin, ich sie möglichst schnell wieder los werden möchte. Eine kaum mehr überschaubare Fülle von Medikamenten und diverse therapeutische Techniken, wollen uns dabei helfen. Sie müssen uns aber nicht davon abhalten, ein Ohr dafür zu haben, was uns die Dame in Schwarz zu sagen hat.

Bodo wacht in der Regel mit einem Gefühl von Schwermut auf. Es fällt ihm schwer, aufzustehen. Den bevorstehenden Tag sieht er grau. Ein dunkler Schleier liegt über ihm. Er muss alle Kräfte in sich mobilisieren, um ihn beginnen zu können. Vor dem Frühstück meditiert er eine Weile. Er spürt, wie sich in ihm ganz langsam eine Wende vollzieht. Die trüben Gedanken und die depressive Stimmung verschwinden immer mehr. Nach dem Frühstück und sobald er angefangen hat zu arbeiten, sind sie ganz weg. Überhaupt, so meint er, geht es ihm gut, wenn viel los ist und er sehr beschäftigt ist.

In der Nacht, wenn Bodo nicht beschäftigt ist und durch nichts abgelenkt wird, schleicht sich das Dunkle wieder in sein Bewusstsein und in sein Herz. Tagsüber hat es keine Chance, es sei denn in den Momenten, in denen er nicht beschäftigt und alleine ist. Dann besucht ihn die schwarze

Seite seines Lebens, die er nicht wahrhaben will. Sie zeigt sich in seiner Melancholie. Melancholie ist ein anderes Wort für Depression. In diesem Begriff steckt das griechische Wort für schwarz. Bei Bodo hat die schwarze Seite in seinem Leben viel mit den dunklen, schwarzen Erfahrungen seiner Kindheit zu tun: den frühen Verlust des Vaters, die mühevolle Auseinandersetzung mit seiner Sexualität, seinem von den Eltern und seiner Kirche vermittelten Gottesbild, das Gott als strafenden Richter sieht.

Im Schlaf sieht seine Seele die Möglichkeit, ihn auf diese dunkle Seite seines Lebens aufmerksam zu machen, ihn manchmal regelrecht darauf zu stoßen. Diese Seite lebt in ihm und beeinflusst ihn. Seine Seele will, dass er sie anschaut, sich ihr stellt, sie in sein Leben integriert. Solange er das nicht tut, wird er die Erfahrung echter Freude, die er in seinem Leben so sehr vermisst, nicht machen können. Die nicht aufgearbeitete Vergangenheit liegt wie ein Gürtel oder gar wie eine Kette um den Bereich in ihm, aus dem sonst die Freude entströmt. Erst wenn die Kette sich lockert, bis sie schließlich ganz wegfällt, kann er wieder echte Freude empfinden.

Die depressiven Empfindungen und Gefühle am Morgen wollen gehört werden. Es sind Signale der Seele. Es genügt nicht, sie durch Meditation oder Arbeit zu vertreiben, so sehr es verständlich ist, dass Bodo sie loswerden will. Er tut sich aber auf Dauer einen größeren Dienst, wenn er diese traurigen Gefühle beachtet und darauf hört, was sie ihm sagen möchten. In seinem Fall möchten sie vielleicht sagen: „Stell dich deiner Vergangenheit. Setze dich mit ihr auseinander. Sprich mit einem Freund, einem Berater, einem Psychotherapeuten darüber. "

In einem anderen Fall mag die Depression darauf hinweisen, dass etwas Wichtiges in uns geschieht. Dabei mag es sich um eine grundsätzliche Entscheidung handeln oder um einen inneren Wachstumsprozess, der mit einer tief in uns sich vollziehenden Wandlung einhergeht. In dem Wort Schwermut, die depressiven Erfahrungen gleichen kann, kommt das Schwere, das wir dabei in uns erfahren, zum Ausdruck. In seinem *Briefe an einen jungen Dichter* kommt Rainer Maria Rilke (1989) immer wieder auf die Schwermut und ihre Bedeutung in bestimmten Phasen unseres Lebens zu sprechen:

„Da dürfen sie ... nicht erschrecken, wenn eine Traurigkeit vor ihnen sich aufhebt, so groß, wie sie noch keine gesehen haben; wie eine Unruhe, wie Licht und Wolkenschatten, über Ihre Hände geht und über all ihr Tun. Sie müssen denken, dass etwas in Ihnen geschieht, dass das Leben Sie nicht vergessen hat, dass es Sie in der Hand hält; es wird Sie nicht fallen lassen. Warum wollen Sie irgendeine Beunruhigung, irgendeine Schwermut aus Ihrem Leben ausschließen, da Sie doch nicht wissen, was diese Zustände an Ihnen arbeiten? Warum wollen Sie sich mit der Frage verfolgen, woher all das alles kommen mag und wohin es will? Da Sie doch wissen, dass Sie in Übergängen sind und nichts so sehr wünschten, als sich zu verwandeln."

Der Himmel auf Erden wurde uns nicht zugesagt. Das Schwere, Dunkle, Depressive gehört zu unserem Leben dazu. Das verlangt nicht, das Schwere und Dunkle über Gebühr zu betonen oder, wie es manche tun, zu zelebrieren. Es meint einfach, das Schwere und Dunkle als Teil unseres Lebens anzunehmen und zu würdigen, mit ihm zu rechnen, es nicht zu ignorieren oder vorschnell durch Medikamente oder irgendwelche Psychotricks – anscheinend – auslöschen zu wollen. Das Schwere und Dunkle ist der *sol niger*, der schwarzen Sonne vergleichbar, die ebenso wie die goldene und strahlende Sonne zu unserem Leben gehört. Existenzialisten wie Friedrich Nietzsche, Søren Kierkegaard oder Rollo May werden nicht müde, immer wieder auf die dunkle, schwere, tragische Seite in unserem Leben aufmerksam zu machen. Wir müssen um sie wissen und uns ihr stellen.

Die Seele versteht sich als Anwalt unserer ganzen Person. Sie lässt nicht zu, dass wir die Bereiche, die uns unangenehm sind, aussparen. Sie ruht nicht, bis wir uns der ganzen Wahrheit stellen. Dabei schreckt sie nicht davor zurück, uns das Bein zu stellen, damit wir hinfallen, manchmal sogar in den Dreck fallen, um endlich zu verstehen , dass wir uns etwas vormachen, solange wir glauben, das Dunkle, Schwere, Böse habe nichts mit uns zu tun.

Sei also offen dafür, dunkle und schwere Erfahrungen in deinem Leben auch als Hinweise deiner Seele zu verstehen. Sie will dich damit auf etwas aufmerksam machen. In manchem Schweren mag deine Seele selbst zum Ausdruck kommen. Trau und vertraue auch hier deiner Seele. Vergiss nicht, dass sie auch im Dunklen anwesend sein kann. Suche sie also nicht nur in den schönen, frohen, leichten, beschwingten Erfahrungen. Setze dich mit dem Dunklen und Schweren in dir und in deinem Leben auseinander. Setze dich mit der Dame in Schwarz, von der C.G. Jung im Zusammenhang mit der Depression spricht, an einen Tisch und höre, was sie dir zu sagen hat. Je länger du zuhörst, je länger du sie als deinen Gast behandelst und aushältst, desto besser wirst du sie verstehen und schließlich auch das Dunkle und Schwere in dir aushalten können. Bis du schließlich in ihnen einen Teil deiner Seele erkennen wirst, der von dir angenommen werden will – dir zuliebe –, damit du *ganz* wirst und ganzheitlich lebst.

Nachdenken – Nachspüren – Inspirieren – Beseelen

Kennst du in deinem Leben dunkle und schwere Erfahrungen, Erfahrungen, die deine Stimmungen niederdrücken, die du als große Traurigkeit erlebst, bei denen du alles schwer und hoffnungslos empfindest?

Wie gehst du mit solchen Erfahrungen um? Versuchst du sehr schnell über sie hinwegzugehen, sie durch Tabletten, Alkohol, Flucht in die Ablenkung zu übergehen oder gar zu verdrängen?

Hast du einmal versucht, dich diesen dunklen und schweren Erfahrungen zu stellen, ihnen, wie es C.G. Jung sagt, wie einer Dame in Schwarz zu begegnen, die du einlädst, sich mit dir an einen Tisch zu setzen und der du zuhörst, was sie dir sagen möchte?

Was sagt dir das Schwere, das Traurige, das du vielleicht immer wieder in deinem Leben erfährst? Welche Botschaft vernimmst du, wenn du aufmerksam hinhörst und offen dafür bist, über sie Wichiges zu erfahren?

„Sie haben viele und große Traurigkeiten gehabt, die vorübergingen. Und Sie sagen, dass auch dieses Vorübergehen schwer und verstimmend für Sie war. Aber, bitte, überlegen Sie, ob diese großen Traurigkeiten nicht vielmehr mitten durch Sie durchgegangen sind? Ob nicht vieles in Ihnen sich verwandelt hat, ob Sie nicht irgendwo, an irgendeiner Stelle Ihres Wesens sich verändert haben, während Sie traurig waren?... Wäre es uns möglich, weiter zu sehen, als unser Wissen reicht, und noch ein wenig über die Vorberge unseres Ahnens hinaus, vielleicht würden wir dann unsere Traurigkeiten mit größerem Vertrauen ertragen als unsere Freuden. Denn sie sind die Augenblicke, da etwas Neues in uns eingetreten ist, etwas Unbekanntes; unsere Gefühle verstummen in scheuer Befangenheit, alles in uns tritt zurück, es entsteht eine Stille, und das Neue, das niemand kennt, steht mitten darin und schweigt. Ich glaube, dass fast alle unsere Traurigkeiten Momente der Spannung sind, die wir als Lähmung empfinden, weil wir unsere befremdeten Gefühle nicht mehr reden hören. Weil wir mit dem Fremden, das bei uns eingetreten ist, allein sind; weil uns alles Vertraute und Gewohnte für einen Augenblick fortgenommen ist; weil wir mitten in einem Übergang stehen, wo wir nicht stehen bleiben können. Darum geht die Traurigkeit auch vorüber: Das Neue in uns, das Hinzugekommene, ist in unser Herz eingetreten. Ist in seine innerste Kammer gegangen und ist auch dort nicht mehr, – ist schon im Blut. Und wir erfahren nicht, was es war. Man könnte uns leicht glauben machen, es sei nichts geschehen, und doch haben wir uns verwandelt, wie ein Haus sich verwandelt, in welches ein Gast eingetreten ist...“

(Rainer Maria Rilke, 1989)

Was löst dieser Text von Rainer Maria Rilke bei dir aus? Kennst du die Erfahrung, dass im Aushalten von Schwerem und Dunklem sich in dir etwas verwandelt? Wenn du spürst, dass dir dieser Text gut tut, er deine Seele stärkt, lese ihn noch einmal und lass ihn einfach auf dich wirken.

Wenn du spürst, dass deine Seele beschwert ist, lies Psalm 42 so, dass deine Schwere in den Formulierungen sich ausdrücken kann und du auch dabei mit deinem Verlangen und mit deiner Sehnsucht, dieses Schwere zu verstehen und von ihm befreit zu werden, in Berührung kommst. Halte dich in all dem, was dich bedrückt, im Sprechen und Beten Gott hin, in der Zuversicht, von ihm so angenommen zu werden, wie du bist und bei ihm Gehör zu finden.

„Wie der Hirsch lechzt nach frischem Wasser, /
so lechzt meine Seele, Gott, nach dir.
Meine Seele dürstet nach Gott, / nach dem lebendigen Gott.
Wann darf ich kommen / und Gottes Antlitz schauen?
Tränen waren mein Brot bei Tag und bei Nacht; /
denn man sagt zu mir den ganzen Tag: Wo ist nun dein Gott?
Das Herz geht mir über, wenn ich daran denke: /
wie ich zum Haus Gottes zog in festlicher Schar, /
mit Jubel und Dank in feiernder Menge.
Meine Seele, warum bist du betrübt /
und bist so unruhig in mir?
Harre auf Gott; denn ich werde ihm noch danken, /
meinem Gott und Retter, auf den ich schaue.
Betrübt ist meine Seele in mir, darum denke ich an dich /
im Jordanland, am Hermon, am Mizar-Berg.
Flut ruft der Flut zu beim Tosen deiner Wasser, /
all deine Wellen und Wogen gehen über mich hin.
Bei Tag schenke der Herr seine Huld; /
ich singe ihm nachts und flehe zum Gott meines Lebens.
Ich sage zu Gott, meinem Fels: /
Warum hast du mich vergessen?
Warum muss ich trauernd umhergehen, /
von meinem Feind bedrängt?

Wie ein Stechen in meinen Gliedern /
ist für mich der Hohn der Bedränger;
denn sie rufen mir ständig zu: /
Wo ist nun dein Gott?
Meine Seele, warum bist du betrübt /
und bist so unruhig in mir?
Harre auf Gott; denn ich werde ihm noch danken, /
meinem Gott und Retter, auf den ich schaue."

(Psalm 42)

Lebe im Hier und Jetzt

Mein Atem heißt JETZT

Rose Ausländer

Im Hier und Jetzt leben, bleibt wohl ein lebenslanges Bemühen. Ob es mir gelingt oder nicht, hat für mich viel damit zu tun, inwieweit ich es vermag, mich meiner Seele anzuvertrauen. Ich kann im Hier und Jetzt leben, wenn ich davon überzeugt bin, dass es in mir die Seele gibt, auf die ich mich absolut verlassen kann und die mich wie ein Schutzengel ständig begleitet. Ich kann dann zu mir sagen, was immer mich im Augenblick beschäftigt, was immer ich im Moment als nicht abgeschlossen erfahre, was immer geschehen mag – das alles gebe ich ab und überlasse es dir, meiner Seele, meinem Schutzengel. Ich spüre dann, wie ich alles, was mich zuvor beunruhigte, mich nicht einschlafen ließ, mich davon abhielt, für anderes offen zu sein, loslassen kann. Ich entspanne. Ruhe und innerer Friede werden sich in mir einstellen. Ich erfahre mich als geborgen in der Sorge und Verantwortung meiner Seele um mich.

Früher stand für mich für das, was ich heute unter Seele verstehe, Gott. Im Tiefsten ist es auch heute für mich Gott, der für die Seele steht. Ich erlebe aber die fürsorgliche und für mich Verantwortung übernehmende Kraft mehr als bisher als eine Energiequelle, die tief in mir selbst eingewurzelt ist, die in mir und aus mir heraus wirkt. Es ist nicht länger die Kraft, die von außen oder von oben mich beschützt und für mich sorgt, sondern eher wie wenn ich Gott als tief in mir selbst wirkend erlebe, er dabei mehr als bisher für mich spürbar, Wohnung in mir genommen hat. Überlasse ich mich, ohne Wenn und Aber, dieser Tiefe in mir, die für mich die Seele ist, erlebe ich mich als geerdet. Das sind auch die Augenblicke, in denen es mir gut gelingt, im Hier und Jetzt zu leben. Ich bin einfach da, spüre mich, spüre den Boden unter den Füßen. Ich gehe bewusst Schritt für Schritt. Ich schaue den anderen an, bewusst, schaue ihm in die Augen, nehme Kontakt zu ihm auf, von Wesen zu Wesen. Ich weiß um ihn, bin jetzt nur bei ihm, konzentriere mich auf ihn. Ich setze mich nicht unter Druck, will nichts vormachen, will mich nicht in Szene setzen. Ich will einfach nur ich sein und die andere Person einfach nur du sein lassen.

Wie ganz anders ist die Erfahrung, wenn ich einen guten Eindruck erwecken will. Oder wenn ich besetzt bin von Erinnerungen an die Vergangenheit oder Befürchtungen und Ängsten vor der Zukunft. Sie können mich in eine Zerreißprobe führen, können vereiteln, dass ich im Hier und Jetzt lebe. Ich erlebe mich dann wie innerlich zerrissen, verliere den Bezug zu meiner Mitte, vermag die andere Person kaum wirklich wahrzunehmen. Ich erlebe mich in dieser Verfassung wie ein aufgewühltes Meer, dessen Wellen mich hin- und herschleudern und nicht zur Ruhe kommen lassen.

Unsere Seele meldet sich auch, wenn es in uns stürmt, wir uns als zerrissen und entwurzelt erfahren. Wir scheinen in solchen Augenblicken den Bezug zu unserer Seele verloren zu haben. Besinnen wir uns aber auf sie, sind wir uns ihrer Anwesenheit bewusst und vertrauen wir uns ihr einfach an, wird sie sich bemerkbar machen – als unsichtbarer Engel, der sehr wirkungsvoll und sichtbar in unser Leben hineinzuwirken vermag.

Roberto Assagioli, der Begründer der Psychosynthesis, sieht in unserem Selbst die entscheidende innere integrierende Kraft. Das Selbst ist für ihn jener Bereich, der unveränderbar ist. Es steht wie ein Fels in der Brandung. Für mich steht dieses Selbst auch für die Seele, insofern sie den Kern unseres Selbst ausmacht und die Triebfeder der integrierenden Kraft des Selbst darstellt. Diese integrierende Fähigkeit ist vor allem gefragt, wenn wir den Bezug zu uns selbst zu verlieren drohen, wenn unsere Gedanken, Gefühle, Empfindungen und Wünsche wie Unterpersönlichkeiten getrennt von unserer Mitte, unserem Selbst, ein Eigenleben führen.

Da ist die 75-jährige verwitwete Frau, die so sehr auf ihre Gelenkschmerzen fixiert ist, dass ihr Leben nur noch davon beherrscht ist. Sie wird ihres Lebens nicht mehr froh, konzentriert sich auf ihre Schmerzen, spricht ausschließlich darüber und hat keinen Blick mehr für anderes und andere. Ihr Leben wird von ihren Gelenkschmerzen her und nicht von ihrer Mitte, ihrem Selbst, ihrer Seele her bestimmt und geprägt.

Oder da ist der Mathematiker, der alle seine Energie und Hoffnung, ja seinen Lebenssinn auf die Entdeckung einer bahnbrechenden Formel setzt, die ihm endlich, so hofft er, den bisher versagten Ruhm einbringen wird. Sein ganzes Leben ist darauf ausgerichtet und aufgebaut. Eines Tages entdeckt er in einer Fachzeitschrift, dass ein Kollege vor ihm die Formel gefunden hat. Sein ganzes Leben bricht in diesem Augenblick zusammen, da sein Selbst darin bestand, die Formel zu finden. Da dieser Lebensinhalt jetzt weg fällt, ist nichts mehr da.

Eine Frau, um die 60, lebt so sehr in den Erinnerungen und den damit einhergehenden Gefühlen eines traumatischen Erlebnisses aus der Jugendzeit, dass sie nicht in der Lage ist, mit ihrem Selbst in Berührung zu kommen, sich von dort her und nicht von ihrem Trauma her bestimmen und führen zu lassen.

Habe Mut, dich deinem Selbst, deiner Seele, zu überlassen. Gib einfach alles ab an sie. Vertraue dieser unveränderbaren, treuen, stabilen Seite und Kraft in dir. Baue darauf, dass es etwas in dir gibt, das mehr ist als deine Gedanken, deine Gefühle, deine Empfindungen, deine Wünsche und deine Sehnsüchte. Vertraue darauf, dass deine Seele da ist und für dich sorgt. Wenn du ihr die Führung überlässt, wird sie ihre integrierende Kraft entfalten. Sie wird dich zu dir selbst, zu deiner Mitte führen. Sie wird dafür Sorge tragen, dass du und sie immer mehr deckungsgleich werden, sodass du die Verankerung mit ihr, mit deiner Mitte, wieder spüren und erfahren wirst, dass du deinen Grund zunehmend als solide und stabil erleben darfst. Dann aber kannst du aus deiner Mitte heraus im Hier und Jetzt leben.

Nachdenken – Nachspüren – Inspirieren – Beseelen

Wie erlebst du dich gerade jetzt? Hast du für dich den Eindruck, im Augenblick zu leben, deine ganze Aufmerksamkeit und Achtsamkeit auf das Hier und Jetzt zu richten? Oder hast du den Eindruck, dass deine Gedanken dich woanders hin führen, dass deine Wünsche und Sehnsüchte dich woanders sein lassen als im Hier und Jetzt, dass deine Gefühle dich wegführen von dir, dem Hier und Jetzt?

„Aktive, engagierte Menschen haben aber keine Muße, langsam auf Wegen mit grünem Gras zu gehen und unter Bäumen zu sitzen. Man muss Pläne schmieden, sich mit Nachbarn beraten, eine Million Schwierigkeiten lösen und hart arbeiten. Man muss mit schwierigen Umständen fertig werden und in jedem Augenblick auf seine Arbeit achten, wach und bereit mit diesen Umständen geschickt und intelligent umzugehen.

Ihr fragt jetzt vielleicht: Wie sollen wir da Achtsamkeit üben?

Meine Antwort darauf ist die: Richtet eure Aufmerksamkeit auf eure Arbeit, seid wach und bereit, mit jeder Situation, die entsteht, geschickt und intelligent umzugehen – das ist Achtsamkeit. Es gibt keinen Grund, warum das Ausrichten all unserer Aufmerksamkeit auf unsere Arbeit, unsere Wachheit und Bereitschaft, nach besten Kräften zu handeln, etwas anderes als Achtsamkeit sein sollte. In den Augenblicken, wo man Rat gibt, Probleme löst und alles, was entsteht, anpackt, braucht man ein ruhiges Herz und Selbstbeherrschung, wenn man gute Ergebnisse erzielen will. Das liegt auf der Hand. Wenn wir uns nicht beherrschen können und uns stattdessen von Ungeduld und Ärger leiten lassen, hat unsere Arbeit keinen Wert.

Achtsamkeit ist das Wunder, mit dessen Hilfe wir Herr unserer selbst werden und uns erneuern können. Stellt euch z. B. einen Zauberer vor: einen Zauberer, der seinen Körper in viele Stücke zerschneidet und jeden Teil in eine andere Richtung legt – die Hände in den Süden, die Arme in den Osten, die Beine in den Norden. Dann lässt er mithilfe von Zauberkräften einen Schrei ertönen, der alle Teile seines Körpers wieder zusammenholt. So wirkt Achtsamkeit. Sie ist das Wunder, das auf einen Schlag unseren zerstreuten Geist zurückrufen kann und ihn wieder ganz werden lässt, sodass wir jede Minute unser Leben leben können."

(Thich Nhat Hanh, 1996, 184)

Pierre Stutz (2000, 37) hat gute Erfahrungen damit gemacht, mit einer Viertelstunde Schweigemeditation den Tag zu beginnen. Lass dich von seinen Anregungen inspirieren, im Hier und Jetzt zu leben:

„Ich sitze gut da, gerade einfach so gut es geht. Wohlwollen mir selber gegenüber ist wichtiger als alle Meditationsregeln. Der Atem, der kommt und geht, hilft mir, auch in meine Verspannungen hineinzuatmen. Dabei können mir die Worte wie „Dasein" und „Mitsein" oder (wie ich es pflege) „Christus" eine Hilfe sein, um meine Gedanken, die ich wie Wolken kommen und gehen lasse, zu zentrieren. Ich atme ein mit „Da-", und ich atme aus mit „-sein", oder ich atme ein mit „Mit-" und atme aus mit „-sein", oder ich atme ein mit „Christ-" und atme aus mit „-us".

In diesen drei verschiedenen Beispielen kommt für mich die eine Wirklichkeit zum Ausdruck: Mein Dasein ist immer ein Mitsein. Diese Lebensweisheit verdichtet sich für mich in Christus: Das Göttliche ist gegenwärtig in allem, in mir, in Beziehungen, in der Schöpfung und im Kosmos. Mitten im Alltag, wo immer ich bin, in der Straßenbahn, in einer Arbeitsbesprechung, beim Kinderhüten, in der Kaffee- / Teepause, beim Einkaufen, beim Kochen, bei der Gartenarbeit, beim Heimweg am Abend erneuere ich in mir, was ich in der Schweigemeditation einübe: das kurze, bewusste Ein- und Ausatmen, das mich erinnert, dass mein Wert aus meinem Sein entspringt."

Entdecke die leise Freude

Da hast du mein Klagen in Tanzen verwandelt,
hast mir das Trauergewand ausgezogen
und mich mit Freude umgürtet.
Darum singt dir mein Herz und will nicht verstummen.
Herr, mein Gott, ich will dir danken in Ewigkeit.

Psalm 30, 12–13

Freude – wir alle sehnen uns danach. Wir sehnen uns vor allem danach, wenn wir sie vermissen. Sich freuen können ist eine der schönsten menschlichen Erfahrungsmöglichkeiten. Ich erfahre in besonderer Weise im Umgang mit Kindern – meinen eigenen eingeschlossen – , wie wohl tuend und ansteckend Freude sein kann. Kinder können spontan und von Herzen froh sein. Ich erinnere mich immer gerne an frohe, unbeschwerte Augenblicke in meinem Leben. Manchmal werde ich etwas wehmütig, da ich, je älter ich werde, meine, weniger Freude zu empfinden.

Ist weniger Freude im Leben zu erfahren, der Preis, den wir für das Älterwerden zahlen müssen? Mir ist klar: Die Unbeschwertheit des Kindes, das vieles noch nicht weiß, das sich nicht kümmern muss um die vielen Dinge, die auf den erwachsenen Menschen zukommen, kann ich als Erwachsener nicht einfach „übernehmen". Da gibt es einfach zu viel in mir, in meiner nächsten und weiteren Umgebung, das mich bedrückt, mir Sorgen bereitet. Doch muss das wirklich heißen, als erwachsener Mensch weniger Freude erfahren zu können?

Freude kann sich einstellen, wenn ich *loslassen* kann. Wenn ich alles, was mich bedrückt, was auf mir lastet, was den Blick auf heute verdunkelt, loslassen kann. Loslassen ist dabei nicht das Gleiche wie verdrängen oder etwas einfach übersehen. Loslassen können setzt einen inneren Wachstumsprozess voraus. Dabei geht es darum, von äußeren Ereignissen als Quelle für meine Freude unabhängig zu werden. Nicht, dass auch Erfolg, Anerkennung, ein schönes Erlebnis mich nicht länger mit Freude erfüllen sollen. Doch Freude muss über eine tiefere Quelle verfügen, will sie im Getriebe und im Getriebensein des Alltags nicht verloren gehen.

Unsere Freude sollte genährt sein von unserer Seele. Unsere Seele verlangt es nach Freude. In der Erfahrung von Freude kann sie sich ausdrücken. Daher ist es für unsere Seele wichtig, dass die Freude in unserem Leben nicht zu kurz kommt. Sie lässt nicht nach, Gelegenheiten zu suchen und zu entdecken, die in uns Freude erwecken, auch inmitten der Erfahrung von Leid. Leid, tragische Erfahrungen, seelische und materielle Not gehören wie schöne und wunderbare Erlebnisse zu unserem Leben. Verzichten wir auf die Freude, wird dadurch das Leid nicht weniger. Indem die Seele in uns die Freude aufrecht erhält, kann sie aber verhindern, dass wir uns im Leid verzehren. Sie will und wird uns immer wieder – wie der Prediger im Alten Testament – sagen, dass es eine Zeit des Trauerns und eine Zeit der Freude gibt. Das Leben fließt wie ein Strom. Zu ihm gehören Höhen und Tiefen, Ekstase und Agonie, Freude und Verzweiflung.

Der Philosoph und Psychoanalytiker Rollo May unterscheidet zwischen Glück und Freude. Glück empfinden wir bei der Erfüllung von Wünschen, die aus der Vergangenheit stammen. Glück entspannt. Es ist nach Rollo May eine äußere Reaktion auf etwas. Freude ist ein inneres Geschehen, das Energien in uns freisetzt, um mit ihrer Hilfe in uns zu neuen Ufern zu gelangen. Diese Energien wollen Tiefenschichten in uns ansprechen und aufbrechen, damit wir uns wundern und ergriffen sein können. „Freude ist ein Sich-Befreien, ein Aufmachen; es ist, was sich einstellt, wenn man wirklich in der Lage ist ‚loszulassen‘" (May 1981, 241 ff.).

Freude ist eine Kraft, die kreativ in uns wirkt. Sie bricht uns auf. Sie steht im Dienst unserer Entfaltung. Sie will unseren Entfaltungsprozess immer mehr nach vorne bringen. Gerade auch darin zeigt sich ihre innige Verbindung mit unserer Seele, der grossen Antriebskraft und Lenkerin bei unserem Individuationsprozess. Der Seele in unserem Leben die Führung überlassen heißt, der Freude in unserem Leben den Platz einzuräumen, der ihr gebührt. Es meint weiter, darauf zu vertrauen, dass die Freude nicht ausbleibt, wenn wir uns unserer Seele und ihrem segensreichen Wirken überlassen.

Machmal ist die Erfahrung von Leid, Trauer, Depression oder Verzweiflung Voraussetzung, um durch sie hindurch zur Freude zu gelangen. Sie fordern uns heraus, uns auf die Suche nach der Freude zu machen. Machmal vermag erst die Erfahrung von Verzweiflung in uns Kräfte zu entbinden und zu mobilisieren, die uns daran erinnern, dass wir nicht nur der Leiderfahrung ausgesetzt sind, sondern über die Möglichkeit verfügen, ihr etwas dagegenzusetzen. Freude ist die Erfahrung von *Möglichkeit*, zum Beispiel die Erfahrung zu machen, dass wir wieder aufstehen können, wenn wir gefallen sind. Es geht weiter, *wir* gehen weiter, ungeahnten Möglichkeiten entgegen. Wir machen die freudige Erfahrung, „neue Kontinente in uns selbst zu entdecken" (242). Diese Erfahrungen ermutigen uns, Leben zu riskieren, um so zu neuen Ufern zu gelangen, bis jetzt gültige und angenommene Grenzen zu überwinden. Es ist die Seele selbst, die uns dabei führt und begleitet, machmal wie ein Feldherr, manchmal wie ein Schutzengel oder ein guter Freund. Sie stachelt uns an und spricht uns Mut zu, den Weg zu gehen, der uns in die Freiheit führt, den Zustand, in dem wir alles loslassen können, wir unabhängig sind und uns alle Möglichkeiten des Lebens und Sterbens offen stehen.

Lass' dich nicht erdrücken von Leid, Schmerzen, seelischer Not und Verzweiflung. Umgehe sie auch nicht einfach. Gehe durch sie hindurch, angezogen von deiner Sehnsucht nach deiner Seele. Gib nicht auf, darauf zu vertrauen, am Ende schließlich zu deiner Seele, der Quelle deiner Freude, zu gelangen. Du hast bei deinem Bemühen, Ringen und Ertragen in deiner Seele eine treue Begleiterin und einen zuverlässigen Schutzengel. Sie ist daran interessiert, dass du in deiner Tiefe zur Freude vordringst. Verzage nicht, wenn du glaubst, nicht mehr weitergehen zu können, den Schmerz und die Verzweiflung nicht länger aushalten zu können. Deine Seele will dich nicht quälen. Sie kann und will dir aber nicht die Schritte ersparen, die Mühen und Schmerzen abnehmen, die du auf dich nehmen musst, um zu dir, deinem *wahren* Selbst, dem Ort der wahren Freude zu gelangen. Dein Aushalten ist der Preis, den du für deine – neue – Freiheit zahlen musst. Die Erfahrungen, die du dabei machst, sind Voraussetzung, um zu wahrer Freude zu gelangen: die Freude über die Begegnung mit ungeahnten Seiten und Möglichkeiten; die Freude über die Begegnung mit deiner Seele, die dich ermutigt, weiterzugehen bis zum Ende in freudiger Erwartung auf Neues, Ungeahntes, Überraschendes.

Nachdenken – Nachspüren – Inspirieren – Beseelen

Wann hast du dich das letzte Mal so richtig aus ganzem Herzen gefreut? Versuche, dich so lebhaft, wie es dir möglich ist, an diese Situation zu erinnern und lasse diese Erfahrung wieder in dir auferstehen.

Was hält dich augenblicklich davon ab, dich zu freuen? Was kann dir helfen, Freude in dir zu erwecken? Was magst du loslassen müssen, um in dir Platz zu schaffen, damit Freude aufkommt?

Kannst du etwas anfangen mit der Unterscheidung zwischen Glück und Freude? Einer Erfahrung von Glück, die eher kurzfristiger Art ist, eine Reaktion auf die Erfüllung eines Wunsches im Unterschied zur Freude, die grundsätzlicher Art ist wie die Freude über unser Sein, die Freude darüber, in unserem Wachstumsprozess immer wieder Neues, immer wieder bisher ungeahnte Möglichkeiten entdecken zu dürfen und für deine Entfaltung fruchtbar machen zu können? Beide Weisen von Erfahrung von Freude sind wichtig. Sei offen dafür.

„Alles hat seine Stunde. Für jedes Geschehen unter dem Himmel gibt es eine bestimmte Zeit:

eine Zeit zum Gebären /
und eine Zeit zum Sterben, /
eine Zeit zum Pflanzen /
und eine Zeit zum Abernten der Pflanzen,
eine Zeit zum Töten /
und eine Zeit zum Heilen, /
eine Zeit zum Niederreißen /
und eine Zeit zum Bauen,
eine Zeit zum Weinen /
und eine Zeit zum Lachen, /
eine Zeit für die Klage /
und eine Zeit für den Tanz;
eine Zeit zum Steinewerfen /
und eine Zeit zum Steinesammeln, /
eine Zeit zum Umarmen /
und eine Zeit, die Umarmung zu lösen,
eine Zeit zum Suchen /
und eine Zeit zum Verlieren, /
eine Zeit zum Behalten /
und eine Zeit zum Wegwerfen,
eine Zeit zum Zerreißen /
und eine Zeit zum Zusammennähen, /
eine Zeit zum Schweigen /
und eine Zeit zum Reden,
eine Zeit zum Lieben /
und eine Zeit zum Hassen, /
eine Zeit für den Krieg /
und eine Zeit für den Frieden. "

(Koh 3,1–8)

„Ich werfe meine Freude
wie Vögel an den Himmel.
Die Nacht ist verflattert,

und ich freue mich am Licht.
So ein Tag, so ein Tag.
Deine Sonne hat den Tau weggebrannt
vom Gras und von unseren Herzen.
Was da aus uns kommt,
was da um uns ist an diesem Morgen,
das ist Dank.
Ich bin fröhlich heute am Morgen.
Das All und unsere Herzen sind offen
für deine Gnade.

Ich fühle meinen Körper und danke.
Ich freue mich, Gott, an der Schöpfung.
Und dass du dahinter bist
und daneben und davor
und darüber und in uns.
Ich werfe meine Freude wie Vögel an den Himmel.
Ein neuer Tag, der glitzert und knistert.

(aus Afrika)

Lebe im Jetzt und in der Ewigkeit

Zwei Augen hat die Seel:
eins schaut in die Zeit,
das andere richtet sich hin
in die Ewigkeit

Angelus Silesius

Ja, zwei Augen hat die Seele. Das eine schaut in die Zeit, das andere richtet sich hin in die Ewigkeit. Ich kenne Zeiten in meinem Leben, da spüre ich geradezu eine Sehnsucht nach der Ewigkeit. Es ist eine Sehnsucht nach dem ewigen Frieden, eine Sehnsucht, endlich anzukommen. Es ist die Sehnsucht, frei zu sein von dem, was mich bedrückt und mir das Leben schwer macht. Es ist die Sehnsucht nach Ruhe und Frieden, von jener Unruhe des Herzens erlöst zu werden, die erst Ruhe findet in Gott.
Für mich ist es wichtig, diese Sehnsucht nach der Ewigkeit zuzulassen. Ich lasse dadurch auch ein Erahnen des Ewigen in mein Leben hineinwirken. Ich erfahre darin Erleichterung und Trost. Mein Leben und meine Welt werden größer und weiter. Meine Sorgen werden relativiert. Mein Offensein für die Ewigkeit lässt mich in Kontakt kommen mit etwas, das mich trägt und hält. Hier finde ich einen Halt.
In Neuchâtel in der Schweiz gibt es unweit des Klosters Abbaye de Fontaine-André einen riesigen Felsblock, der durch kleine Eremitagen auch Unterkunft gewährt. Dieser Fels ist für mich ein Bild für das Zelt und den Felsen, von dem es in Psalm 27 heißt:

„Er birgt mich im Schutz seines Zeltes
Und erhöht mich auf einen Felsen.“

Es mag alles zu Grunde und zu Ende gehen. Wenn ich in Gott, dem Ewigen, verankert bin, wenn er mein Schutz, mein Felsen, mein Fundament ist, dann gehe ich nicht verloren.

Unsere Seele drängt uns hin zum Ewigen. Sie will uns nicht erst am Ende unserer Tage in die Ewigkeit führen. Da wird sie es end-gültig tun. Sie will uns mitten im Leben mit dem Ewigen verbinden. Sie sieht es als ihre Aufgabe an, unser Leben um die Dimension des Ewigen zu erweitern. Meine Seele möchte mir die Erfahrung ermöglichen, dass Gott nicht nur in mir ist, sondern ich auch in Gott bin. Sie wird so lange in mir unruhig sein, bis sie ihr Ziel erreicht hat, es sei denn, ich übergehe sie, beachte ihr Treiben nicht oder erkenne ihre Absicht nicht. Dann, ja, was dann? Dann resigniert sie vielleicht für eine Weile und wartet auf die nächste Gelegenheit. Sie wird jedenfalls nicht aufhören, auf ihre Chance zu warten – und sei es bei unserem letzten Atemzug –, uns sensibel für unsere Verbundenheit mit dem Ewigen zu machen.

Die Seele schaut aber auch in die Zeit, in die Welt und in den Alltag, in dem wir leben. Sie will sich nicht auflösen in der Ewigkeit. Sie will auch im Jetzt fest verankert sein und da wirken. Sie wirkt hinein in unsere Beziehungen, in unsere Arbeitsplätze, in die Politik und in unsere Kirchen. Unsere Seele will nicht nur im Innenraum, in der Meditation und Kontemplation, leben. Sie ist im Einsatz zu finden für die Entrechteten und Armen, im Kampf gegen Elend und Ausbeutung, im Aufschrei über so viel Brutalität und Niedertracht in unserer allernächsten Umgebung. Kontemplation und Kampf gehören für sie zusammen. Menschen wie der Mönch und Mystiker Thomas Merton oder der Priester Pierre Stutz, der in einem offenen Kloster in der Abbaye de Fontaine-André lebt, sind Beispiele dafür. Sie erwecken den Eindruck, mit dem göttlichen Grund in sich, dem Ewigen in Berührung zu sein und zugleich offen zu sein für die Anliegen der Menschen, für die sie sich einsetzen. Es ist gerade die Verbundenheit mit dem Ewigen, aus der sie die Sensibilität und die Kraft für ihren Einsatz in der Gegenwart schöpfen.

Das Auge der Seele, das in die Zeit schaut, trägt auch Sorge dafür, dass alles, was zu unserem ganzen Leben gehört, soweit es möglich ist, nicht zu kurz kommt. Die Seele will nicht im Geistlichen aufgehen. Sie will sich auch spüren im Irdischen, Bodenständigen, Konkreten. Sie will in unseren körperlichen Empfindungen, in unseren Gefühlen, in unseren Sinnen leben. Sie fühlt sich vom Sinnenhaften, Frohen, Sinnlichen angezogen. Sie verlangt nach Vergnügen und Lust, Lachen und Ekstase. Sie fühlt sich wohl in der leidenschaftlichen Erfahrung mystischer Vertiefung mit Gott und in der Leidenschaft sexueller Begegnung und Vereinigung. Die Seele ist nicht der Gegenpol zur Natur. „Mag man die Natur mit der Heugabel austreiben, sie kehrt stets zurück", sagt Horaz. Die Seele ist um eine gesunde Balance zwischen Geistlichem und Leiblichem oder Irdischem bemüht. Einseitigkeiten in die eine oder andere Richtung sind ihr fremd. Sie will die Ewigkeit und die Zeit miteinander verbinden und gegenseitig bereichern. Sie will das Irdische um das Ewige verlängern und vertiefen. Die Offenheit für das Ewige will die Seele festmachen – und das im wahrsten Sinne des Wortes – an der Zeit. Sonst entrückt uns diese Offenheit für das Ewige, verstellt uns den Blick für die Wirklichkeit, den Nächsten, die konkreten Probleme, aber auch für die unzähligen Freuden des Alltags und des Miteinanders. Zugleich will sie uns aber auch in Verbindung mit dem Ewigen bringen, damit wir nicht aufgehen in den Sorgen unserer Zeit und unseres Alltags.

Überlasse dich deiner Seele. Traue ihr zu, dass sie eine gesunde Ausgeglichenheit in dein Leben bringt. Lass dich von ihr in die Tiefe deines Herzens führen. Lass zu, dass sie dir eine Ahnung vom Ewigen vermittelt. Lass dich weiter von deiner Seele in den Raum deines Innersten führen, wo nur Gott und du zu Hause sind und wo du einen Geschmack vom Ewigen vorkosten darfst. Folge deiner Seele auch, wenn sie dich auffordert, Stellung zu beziehen, dich für die gerechte Sache einzusetzen, Widerspruch zu wagen und Widerstand zu leisten, wenn Ungerechtigkeit, unverantwortliches Verhalten dich und andere einschränken. Lass dich von deiner Seele dazu verführen, deinen Sinnen zu trauen, dein Leben zu genießen, dich an deinem Dasein zu freuen.

Nachdenken – Nachspüren – Inspirieren – Beseelen

Kennst du die Erfahrung, mit dem Ewigen in Verbindung zu sein oder zumindest eine Ahnung vom Ewigen zu haben?

Denke an ein Problem, das dich augenblicklich beschäftigt. Versuche offen zu sein für eine höhere oder tiefere Kraft. Lass dich ein auf diese höhere und tiefere Kraft, wie wenn du umfangen wärst von dieser größeren Kraft. Atme tief ein im Bewusstsein um diese höhere Kraft, die dich umgibt. Atme noch tiefer aus und lass dabei all das los, was dich im Moment bedrückt und gib es ab hinein in dieses Größere.

Schau auf dein augenblickliches Leben und überprüfe, ob du beide Seiten in deinem Leben würdigst. Die Seite von dir, die im Hier und Jetzt, in dieser Zeit lebt und darin auch verankert ist, und die andere Seite, die in Verbindung lebt mit etwas, das über dich hinaus geht, die mit dem Ewigen, dem Beständigen, dem Unveränderbaren zu tun hat. Hast du den Eindruck, dass du einseitig lebst, der einen oder der anderen Seite zu viel Gewicht beimisst? Mag das der Grund dafür sein, dass du dich augenblicklich in deinem Leben nicht wohl fühlst, unausgeglichen erlebst? Was kannst du dazu beitragen, um mehr Ausgeglichenheit in dein Leben zu bringen?

„Wir träumen von Reisen durch das Weltall! Ist denn das Weltall nicht in uns? Die Tiefen unseres Geistes kennen wir nicht. Nach innen geht der geheimnisvolle Weg. In uns oder nirgends ist die Ewigkeit mit ihren Welten, die Vergangenheit und die Zukunft."

(Novalis, 1994)

Sprich oder bete folgende Verse von Psalm 139 und sei im Sprechen und Beten offen dafür, in dir und bei dir zu erfahren, dass du geborgen bist im Ewigen:

„Herr, du hast mich erforscht, und du kennst mich. /
Ob ich sitze oder stehe, du weißt von mir. /
Von fern erkennst du meine Gedanken.
Ob ich gehe oder ruhe, es ist dir bekannt: /
du bist vertraut mit all meinen Wegen.
Noch liegt mir das Wort nicht auf der Zunge – /
du, Herr, kennst es bereits.
Du umschließt mich von allen Seiten /
und legst deine Hand auf mich.
Zu wunderbar ist für mich dieses Wissen, /
zu hoch, ich kann es nicht begreifen.
Wohin könnte ich fliehen vor deinem Geist, /
wohin mich vor deinem Angesicht flüchten?
Steige ich hinauf in den Himmel, so bist du dort; /
bette ich mich in der Unterwelt, bist du zugegen.
Nehme ich die Flügel des Morgenrots /
und lasse mich nieder am äußersten Meer,
auch dort wird deine Hand mich ergreifen /
und deine Rechte mich fassen.
Würde ich sagen: Finsternis soll mich bedecken, /
statt Licht soll Nacht mich umgeben, /
auch die Finsternis wäre für dich nicht finster,
die Nacht würde leuchten wie der Tag, /
die Finsternis wäre wie Licht."

Lasse los

Wohl ist der feine Faden leichter zu zerreißen, doch so leicht es auch ist, zerreißt man ihn nicht, so wird man nicht fliegen. Ebenso ergeht es der Seele, die an irgendetwas hängt. Mag es noch so tugendhaft sein, sie wird zur Freiheit der göttlichen Vereinigung nicht gelangen.

Johannes vom Kreuz

Mich einfach bedingungslos meiner Seele überlassen zu können – das wäre schön. Ich spüre die Sehnsucht danach, und ich weiß ganz tief in mir, gelänge es mir, müsste ich mir keine Sorgen mehr machen. Dazu wäre dieses blinde, unbedingte Gottesvertrauen nötig, das ich gerne haben wollte. Manchmal glaube ich es zu haben. Doch ich meine, es nur zu haben. Denn, wenn es wirklich darum geht, mich ganz meiner Seele, Gott zu überlassen, melden sich tausend Vorbehalte, die mich davon abhalten.

Dabei weiß ich, solange meine Seele durch innere oder äußere Abhängigkeiten festgehalten wird, kann sie mich nicht in die Tiefe hineinführen, in der ich Gott begegne. Erst wenn ich mich in den unendlich tief erscheinenden Grund in mir hinunterfallen lasse, *ich zu Grunde gehe*, mich von meiner Seele dazu verführen lasse, den Fall zu wagen – gegen alle Ängste, die dagegen aufbegehren –, werde ich die absolute Freiheit kosten können, die mir geschenkt wird, wenn ich losgebunden von allem, was mich festhält, aufgehoben bin in dem Einen, dem Ewigen, Gott. Warum ist das so schwer, ist doch der Lohn dafür so unendlich groß, so unübertreffbar einzigartig?

Es ist einfach so unendlich schwer, *los zu lassen*, sich seinem Los, seinem Schicksal zu überlassen. Ich möchte es mir gerne so richten, wie es mir gefällt und passt. Auf der anderen Seite lässt sich das Risiko, im Leben hereinzufallen, nie vermeiden. Auch wenn ich mich auf die Seele verlasse, kann ich hereinfallen, zu Fall kommen, umkommen. Ist es die Angst vor der Freiheit, dieser unbedingten, absoluten Freiheit, die mich davon abhält, mich der Seele, Gott, einfach zu überlassen? Es klingt paradox. Heißt denn loszulassen, mich ganz der Seele zu überlassen nicht, die Freiheit aufzugeben? Nein! Überlasse ich mich der Seele, bin ich grenzenlos frei – absolut. Dann hält mich nichts und niemand mehr zurück, einfach zu sein.

Wir machen eine Vertrauensübung. Zehn von uns halten sich an den Händen und werden von Anton geführt. Ich kann mich gut darauf einlassen, spüre aber auch, wie vorsichtig ich gehe, Schritt für Schritt. Ich verlasse mich auf Anton, der ganz vorne geht, und auf Dorothea, die direkt vor mir geht. In der Art, wie sie mich führt, spüre ich, dass wir jetzt eine Stufe hinauf oder hinunter gehen. Ich bin darauf bedacht, dass meine Füße einen festen Grund unter sich spüren. Sie tasten das Terrain ab. Ich weiß nicht, wohin uns Anton führt, und bin überrascht, als ich die Augen aufmache, an einem Platz zu sein, den ich bis jetzt gar nicht gekannt hatte.

Es ist unserer Lebendigkeit wegen wichtig, uns unserer Seele zu überlassen, uns von dieser inneren Kraft, unser ganzes Leben lang führen zu lassen. Es mag Zeiten in unserem Leben geben, in denen wir meinen, unsere Seele nicht mehr zu spüren, sie verloren zu haben. Das kann der Zeitpunkt sein, vertrauensvoll zu Grunde zu gehen, um dort nach der Seele zu suchen. Bevor wir bereit sind, zu Grunde zu gehen, wird so manches Tragische, Widersprüchliche, alles bisher Durchkreuzende in unserem Leben geschehen sein. Genau das kann ein Hinweis dafür sein, dass wir nicht länger mit unserer Seele in Berührung sind. „Uns erschüttern geheime Schauder und dunkle Vorahnungen; aber wir sehen keinen Ausweg, und nur wenige Menschen kommen zu dem Schluss, dass es diesmal um die lange in Vergessenheit geratene Seele des Menschen geht", meint C.G. Jung (in: Moody 1997).

Verliere nicht den Mut, zu Grunde zu gehen. Gehe diesen Weg. Lass dir dabei helfen von deinem Partner, deinen Freunden, Begleitern und Begleiterinnen. Sie können für dich eine große Hilfe bedeuten, indem sie dir beistehen, dir Mut machen, diesen Weg zu gehen, auch wenn du ihn schließlich alleine gehen musst. Doch es lohnt sich. Vor allem aber lass' dir helfen von deiner Seele, deinem treuen Schutzengel. Folge ihr einfach. Der Weg des Loslasssens, der Weg in die Tiefe, in den Abgrund verlangt, dass du dich bedingungslos deiner Seele überlässt, du nicht länger an etwas anderem, an anderen Menschen hängst. Lasse deiner Seele freien Lauf, damit sie dich zu Gott führen kann. Halte die Schmerzen, die Traurigkeit, die dunkle Nacht aus. Am Ende darfst du Gott erfahren. Dann, wenn in dir der Tag anbricht und die in dir aufsteigende Morgenröte Gottes deine Finsternis in ihr zärtliches und geheimnisvolles Licht verwandelt. Lass deine Seele los. Halte sie nicht zurück. Sie wird dich in die Freiheit führen. Sie will und wird dich zu Gott führen.

Nachdenken – Nachspüren – Inspirieren – Beseelen

Wie leicht, wie schwer fällt es dir loszulassen? In Beziehungen, z.B. in deiner Partnerschaft, deinen freundschaftlichen Beziehungen, in beruflichen Beziehungen? In der Beziehung zu Gott?

Kennst du Erfahrungen in deinem Leben, in denen es für dich wichtig war, zu Grunde zu gehen, tiefer mit dem in Berührung zu kommen, was dich wesentlich ausmacht?

Welche Erfahrungen hast du dabei gemacht? Was hat dir geholfen, Durststrecken, Zeiten der Dunkelheit, große seelische Schmerzen auszuhalten?

Durftest du die Erfahrung machen, von deiner Seele wie von einem Schutzengel begleitet zu werden? Oder fühltest du dich verlassen, alleine gelassen, im Stich gelassen?

„Ich bewahr' eine kostbare Perle,
und Gott sprach:
Wirf sie ins Tiefste meines Herzens.
Und ich tat es
und fühlte mich elend;
denn die Tiefe des Herzens Gottes kannte ich nicht:
Mir war, ich würfe alles ins Finstere.
O Nacht, die holder als das Frührot"

(Ägid van Broeckhoven)

„Du Gott
bist der Grund meiner Hoffnung
Du lebst als tiefes Geheimnis in mir

Kommen auch Tage des Zweifels
der Ungewissheit
wo vieles wie eine große Lebenslüge erscheint
so versuche ich vertrauensvoll zu Grunde zu gehen
Weil Du
mich durch diese Verunsicherung
zur Quelle des Lebens führen wirst
damit in mir Schwäche und Ohnmacht leben darf

So wird mir nichts mehr fehlen
und ich finde neue Geborgenheit in dir."

(Ps 23,1 nach Pierre Stutz, 1996, 35)

Sei unvollkommen

Die Indianer sagen
wenn sie die Scherben finden,
jedes Ding hat seine eigene Seele
auch ein zerbrochener Krug.

Gesang der Pueblo-Töpfer

Das klingt provozierend: unvollkommen zu sein. Viele haben eine andere Botschaft mitbekommen: Sei vollkommen, perfekt, sei ohne Fehler! Diese Botschaft hat sich manchmal so tief in unser Herz eingeprägt, dass sie unser ganzes Denken, Tun und Empfinden bestimmt. Wir sind dann bestrebt, dieser Stimme und diesem Antrieb in uns gerecht zu werden. Wir sind erst dann mit uns zufrieden und glücklich, wenn wir das Gefühl haben, vollkommen zu sein, alles korrekt verrichtet und erledigt zu haben.

Diese Zufriedenheit stellt sich aber nur selten ein, da wir oft die Erfahrung machen müssen, nicht perfekt zu sein. So sind wir unzufrieden mit uns, werden traurig und depressiv, bleiben wir doch ständig hinter dem zurück, was wir von uns erwarten. Wir erfüllen die von uns festgesetzte Norm und die von uns gesteckten Ziele nicht und sind daher enttäuscht über uns und erleben uns als Versager.

Der andere Weg besteht darin, zur Kenntnis zu nehmen und mir zuzugestehen, dass ich unvollkommen bin, Fehler habe und Fehler mache. Das darf nicht heissen, dass ich mir von vornherein einen Freibrief ausstelle und sage, da ich weiß, dass ich unvollkommen bin und Fehler mache, muss ich meinen Pflichten nicht nachkommen, kann ich z.B. anderen zumuten, dass ich ständig zu spät komme oder sie für mich arbeiten lasse.

Das meine ich nicht. Es geht darum, bei allem Bemühen verantwortungsvoll zu handeln, meinen Aufgaben nachzukommen, mein Leben bewusst in die Hand zu nehmen und zu gestalten, nicht zu vergessen, dass ich begrenzt bin, mich irren kann, dass ich bis zum Lebensende unfertig, unvoll-kommen bleiben werde und unvollkommen bleiben darf.

Es ist schön, wenn du auf deinem Weg, ganz zu werden, weiterkommst. Ich beglückwünsche dich dazu. Auch mag es Situationen geben, bei denen du dir selbst gegenüber kritisch bist, etwa wenn du dich fahrlässig gegenüber anderen verhalten hast. Du darfst dir aber auch zugestehen, dass du etwas falsch machst, ein Projekt in den Sand setzt, einen falschen Weg einschlägst. Du darfst dir das zugestehen und verzeihen. Du darfst dich an kleinen Schritten freuen, die dich bei deinem Bemühen, ganz zu sein, weiterbringen. Du darfst dir wohl wollend begegnen, wenn du dabei Rückfälle erleidest.

Wenn du krampfhaft und strebsam versuchst, vollkommen zu sein, läufst du Gefahr, zum Opfer deiner unvollkommenen Anteile zu werden. Sie werden dann von dir übergangen, bleiben dir aber erhalten. Du glaubst vielleicht, besonders tugendhaft, gar heiligmäßig zu sein, und spürst nicht, wie intolerant und machtbesessen du in Wirklichkeit bist. Du predigst Demut, fühlst dich selbst aber über den anderen erhaben. Du forderst die reine Lehre ein, setzt dich für eine strikte Moral ein und wirst dabei selber immer mehr starr und rigide, bis dahin, dass du innerlich vertrocknest.

Doch deine Seele ist der Anwalt deines Lebens und deiner Lebendigkeit. Sie ist auch der Anwalt deiner Unvollkommenheit. Sie will nicht, dass du dich verrennst in deinem Streben nach Vollkommenheit, dass du vor lauter Bemühen, vollkommen zu sein, am Ziel deines Lebens vorbeiläufst, nämlich einfach zu leben, wirklich zu leben, zu atmen, dich an deinem Leben zu erfreuen. Deine Seele weiß, dass Vollkommenheit an sich kein Lebensziel sein kann. Sie hat nichts dagegen, wenn du heilig wirst. Nur ist ihr Verständnis davon vermutlich anders als das gängige. Sie will, dass du immer mehr du selber wirst, dass du du mit dem Göttlichen in dir in Berührung kommst, du zu Gott findest und eines Tages zu ihm heimkehrst. Sie weiß, dass der Weg dahin nicht gerade verläuft, sondern mit

Irrwegen verbunden ist. Du machst dich dabei schmutzig, wirst dir und anderen gegenüber untreu.

Deine Seele weiß, dass heilig zu werden, ganz zu werden voraussetzt, ganz Mensch zu sein, ganz Mensch zu werden. Das schließt ein, deine Widersprüche, deine Zerrissenheit zuzulassen und anzunehmen, zu deinen Wunden und zu deiner Gebrochenheit zu stehen. Superman oder der strahlende Saubermacher, ein fehlerfrei funktionierender Roboter – *sie* mögen vollkommen und fehlerfrei sein, aber kaum heilig. Heiligkeit bedeutet nach dem Mystiker Thomas Merton, der zu werden, der du berufen und bestimmt bist. Es bedeutet zugleich auch, dich in deinem Sosein, einschließlich deiner Schwächen und Fehler, anzunehmen.

Deine Seele zieht die Ausgeglichenheit vor. Sie kennt beide Seiten von dir. Wird die eine übertrieben, kommt die andere, die es auch in dir gibt, zu kurz. Die vernachlässigte Seite sucht sich ihre Schlupflöcher, um nicht zu kurz zu kommen. So lebt der Perfektionist seine lustvolle Seite oft im Verborgenen und mit schlechtem Gewissen aus. Oder er tötet die lustvolle Seite in sich so radikal aus, dass er als total steril, ausgetrocknet und unlustig erlebt wird und wohl auch so ist.

In unserem Leben wird es aber immer Weizen und Unkraut geben. Reiße ich das Unkraut aus, laufe ich Gefahr, auch den Weizen mit heraus zu reißen, sofern es mir überhaupt gelingen sollte, das Unkraut ganz auszurotten. Du bist der Mensch, der du bist. Du hast Stärken und Schwächen, kennst bei dir konstruktive und destruktive Seiten. Jedenfalls tust du gut daran, darum zu wissen und sie zu kennen. Es gibt bei dir helle Stellen und dunkle Flecken. Es ist wichtig, um alle deine Gesichter und Seiten zu wissen und sie anzunehmen. Dir innerlich zuzugestehen und zu bejahen, dass du das alles bist. Erst wenn du das tust, kannst du diese Kräfte und Seiten in dir fruchtbar machen für deinen Verwandlungsprozess. Filterst du die dunkle, unangenehme, destruktive Seite aus, übergehst du sie bei deinem Verwandlungsprozess. Sie wird sich bald wieder melden und dich einholen.

Erwarte von deiner Seele nicht, dass sie dich den Pfad der reinen Vollkommenheit führen wird. Einen Dreck wird sie das tun. Sie wird dich in die Versuchung führen, aber dich auch nicht in der Versuchung verlassen.

Sie wird mitunter dazu beitragen, dass du stolperst, dass du dich in den Augen anderer unmöglich machst. Trag ihr das nicht nach. Sie weiß, warum sie das tut. Sie will, dass du du bist und immer mehr du wirst. Sie will, dass du lebst, das Leben spürst, mit allem, was dein Leben ausmacht: deine Sehnsüchte, deine Stärken, deine Schwächen. Sie will vor allem, dass du Mensch bleibst oder immer mehr Mensch wirst. Das entscheidende Kennzeichen eines Menschen aber ist, dass er menschlich, also fehlerhaft und unvollkommen ist.

Nachdenken – Nachspüren – Inspirieren – Beseelen

Kennst du bei dir die Botschaften: Sei vollkommen, sei perfekt, sei ohne Fehler? Versuchst du auch heute noch, diesen Botschaften gerecht zu werden?

Glaubst du vollkommen zu sein? Oder hast du auch schon die Erfahrung machen müssen oder auch dürfen, dass du unvollkommen bist, dass du Fehler machst, dass es dunkle, unbeleuchtete Seiten in dir gibt, auf die dich andere aufmerksam gemacht haben oder die du selbst im Laufe deines Lebens entdeckt hast?

Wie schwer, wie leicht fällt es dir, dir selbst gegenüber einzugestehen, dass du unvollkommen bist, dass du Fehler machst?

Siehst du einen Zusammenhang zwischen depressiv werden und vollkommen sein zu wollen? Kennst du das auch bei dir, dass du unzufrieden bist mit dir, weil du nicht dem Bild von dem vollkommenen, perfekten Menschen entsprichst und du einhergehend damit depressiv wirst?

Was hilft dir, gelassener zu werden, zu deinen Fehlern, deiner Unvollkommenheit, deiner Menschlichkeit zu stehen?

Was löst bei dir die Aussage von Thomas Merton aus: Um der Barmherzigkeit Gottes teilhaft zu werden, muss man zwei Voraussetzungen erfüllen: Mensch und Sünder zu sein?

„Schenke mir eine gute Verdauung, Herr, und auch etwas zum Verdauen. Schenke mir Gesundheit des Leibes, mit dem nötigen Sinn dafür, ihn möglichst gut zu erhalten.

Schenke mir eine heilige Seele, Herr, die das im Auge behält, was gut ist und rein, damit sie im Anblick der Sünde nicht erschrecke, sondern das Mittel finde, die Dinge wieder in Ordnung zu bringen.

Schenke mir eine Seele, der die Langeweile fremd ist, die kein Murren kennt und kein Seufzen und Klagen, und lass nicht zu, dass ich mir allzu viel Sorgen mache um dieses sich breit machende Etwas, das sich „Ich" nennt.

Herr, schenke mir Sinn für Humor, gib mir die Gnade, einen Scherz zu verstehen, damit ich ein wenig Glück kenne im Leben und anderen davon mitteile."

(Thomas Morus)

„Mutter, Vater unser im Himmel
geheiligt werde dein Name
dein Reich komme
dein Wille geschehe
wie im Himmel so auf Erden.

Unser tägliches Brot gib uns heute
und vergib uns unsere Schuld
wie auch wir vergeben unseren Schuldigern.

Führe uns in der Versuchung
und erlöse uns von dem Bösen.

Denn dein ist das Reich und die Kraft
und die Zärtlichkeit in Ewigkeit."

Fürchte dich nicht

Wer Schmetterlinge lachen hört
Und weiß, wie Wolken schmecken,
Der wird im Mondschein, ungestört
Wo Angst, die Nacht entdecken.

Novalis

Angst begleitet uns unser ganzes Leben, die kleinen und die großen Ängste, die Angst vor der Prüfung, die Angst, den Arbeitsplatz zu verlieren, die Angst vor der großen Katastrophe. Angst kann eine Triebfeder sein, die uns antreibt, uns auf Ungewohntes, Neues einzulassen. Sie kann uns herausfordern, dass wir uns ihr stellen, durch sie hindurch gehen, um die Erfahrung zu machen, dass wir stärker als sie sein können. Angst kann uns aber auch lähmen, wenn wir sie als so stark, als uns so sehr beherrschend erfahren, dass wir ihrem Sog total verfallen und ihr nichts mehr entgegenhalten können, die Angst zu versagen, die Angst zu scheitern, die Angst, ohnmächtig Willkür oder einer höheren Macht erbarmungslos ausgesetzt zu sein. Diese Angst mag sehr real sein angesichts einer Lebenssituation, der ich hilflos ausgesetzt bin. Manchmal ist es auch eine Angst, die für den, der sie erlebt, sehr real, für Außenstehende aber nicht einfühlbar und verständlich ist. Dann kann in dieser Angst auch eine Störung unserer Seele sichtbar werden.

Etwas in uns ist dann durcheinander geraten. Die Sicherung ist durchgebrannt, weil etwas passiert ist, was das bisher normal funktionierende innere Gefüge durcheinander gebracht hat. Die Sicherheitsvorkehrungen unserer Seele, die garantieren, dass wir angemessen auf tatsächliche oder angenommene Bedrohungen von innen oder von außen reagieren, sind beschädigt und werden ihrer Aufgabe nicht länger gerecht. Die innere Ozonschicht, die dafür Sorge trägt, dass wir nicht über Gebühr von Ängsten heimgesucht werden, ist so dünn, dass sie diese Funktion nicht länger wahrnehmen kann. Unverarbeitetes aus der Kindheit, Einsichten oder Einflüsse aus dem Unbewussten, vor denen wir lieber verschont bleiben sollten, weil sie uns überfordern, können uns in einer solchen Situation geradezu überschwemmen und unser Leben zur Hölle werden lassen. Sie verzerren die Wirklichkeit und treten an ihre Stelle. Wir fühlen uns wie Gefangene unserer Ängste, die wir nicht abzuschütteln vermögen, so gerne wir es wollen. Wir erleben uns wie jemand, der unter dem Einfluss einer dunklen Macht steht, der er nicht entrinnen kann.

In solchen Situationen sind wir nicht mehr mit unserer Seele verbunden. Sind wir aber mit unserer Seele in Verbindung, sind wir mit etwas verbunden, das stärker ist als unsere Angst. Wir schöpfen Kraft und Zuversicht aus einem Bereich, der ganz wesentlich zu uns gehört, der uns zugleich aber auch mit einem Bereich verbindet, der uns übersteigt. Das ist gar nicht so einfach zu erklären. Und eine Erklärung alleine hilft bei der Erfahrung von Angst auch nicht weiter. Bin ich mit diesem anderen Bereich in Berührung – C.G. Jung nennt ihn Welt-Seele –, für mich steht er für Gott, kann ich loslassen. Ich kann mich loslassen. Ich kann mich einfach diesem Bereich, Gott, überlassen. Ich weiß, vor allem aber spüre und erfahre ich in der Tiefe meines Herzens, dass ich mich darauf verlassen kann, aufgefangen und nicht alleine gelassen zu werden. Ich bin aufgehoben in diesem anderen Bereich, mit dem ich mich verbunden fühle und in dem ich verankert bin.

Ich erlebe Angst und Unsicherheit, gerate ins Wanken, wenn ich mich nicht länger mit diesem Bereich verwoben erfahre. Dann fehlt mir ein Fundament, komme ich mir vor wie jemand, dem man den Boden unter den Füßen weggezogen hat.

Ich erinnere mich an eine Situation in meinem Leben, in der ich bitter enttäuscht wurde von Menschen, denen ich nahezu bedingungslos vertraut hatte. Ich erlebte ihr Verhalten mir gegenüber als totalen Vertrauensbruch, mit der Folge, dass ich in eine Erfahrenswelt einbrach, in der ich wie kaum zuvor in meinem Leben Angst und Unsicherheit erfuhr.

Ich war so erschüttert, dass ich seelisch größte Mühe hatte, mit mir zurecht zu kommen. Was war geschehen? Was war vor allem mit meinem Kontakt zu dem Bereich in mir geschehen, der mich letztlich trägt? Erst später wurde mir bewusst, dass ich im Vorfeld zu diesem Konflikt meinen Kontakt mit meinem Grund, mit Gott, meine lebendige, tägliche Kontaktaufnahme mit ihm, vernachlässigt hatte. Als mich die erwähnte Situation mit voller Wucht traf, war ich nicht in einer Weise verwurzelt in meinem Grund, in Gott, dass ich der für mich so brutalen Situation hätte etwas entgegensetzen können. Ich fiel um wie ein Baum, der auf sandigem Boden gepflanzt ist, dessen Wurzeln nicht tief genug in guter Erde verwurzelt sind. Diesem Sturm in meinem Leben war ich nicht gewachsen. Ganz langsam und mit Hilfe von Freunden und Begleitern erholte ich mich. Entscheidend war dabei für mich, z u   G r u n d e   z u   g e h e n. Ich musste Abschied nehmen von Menschen, denen ich vertraut hatte, auf die ich gebaut hatte. Dieser Grund war gestört, war zu Grunde gegangen. Ich selbst musste zu Grunde gehen, in meine eigene Tiefe hinabsteigen, um dort den eigentlichen Grund, den unerschütterbaren Grund zu suchen und schließlich auch zu finden – Gott, der als tiefes Geheimnis in mir lebt. Je mehr ich mit meinem eigentlichen Grund, dem göttlichen Geheimnis in mir, in Kontakt kam, ihn als Wirklichkeit und Wahrheit in mir erfahren durfte, desto mehr nahmen meine Angst und Unsicherheit ab, desto deutlicher spürte ich wieder die Lebendigkeit und Sicherheit vermittelnde Kraft meiner Seele.

Überlasse dich deiner Seele, wenn Angst und Verzweiflung dich plagen und befallen. Gehe zu Grunde. Mache dich auf die Suche nach deinem wahren Grund, deiner Seele, Gott. Schau, dass du wieder Boden unter deine Füße bekommst, einen Boden, der unerschütterbar ist. Den aber kann dir nur deine Seele vermitteln. Sie führt dich in die Tiefe, deine Tiefe, und sie führt dich in die Verbundenheit mit der Welt-Seele. Sie führt dich zu Gott. Sie sagt dir: Fürchte dich nicht. Ich bin bei dir. ER ist bei dir.

Nachdenken – Nachspüren – Inspirieren – Beseelen

Wo erlebst du Angst in deinem augenblicklichen Leben? Erfährst du dabei deine Angst als eine Triebfeder, dich einer Situation zu stellen, durch sie hindurch zu gehen? Oder erlebst du deine Angst als eine Kraft in dir, die dich lähmt und die dein Leben beeinträchtigt?

Welche guten Erfahrungen hast du damit gemacht, deine Angst fruchtbar für dein Leben einzusetzen? Was hilft dir, an wen kannst du dich wenden, wenn du mit deiner Angst nicht mehr zurecht kommst, sie dich lähmt, sie dein Leben zur Hölle macht?

Welche Bedeutung hat es für dich, dass du das Gefühl hast, mit etwas verbunden zu sein, das größer ist als du? Weißt du, wovon ich spreche, wenn ich davon rede, dass es wichtig ist mit etwas verankert zu sein, das über dich hinausweist? Hast du so etwas bei dir erfahren? Kennst du die Erfahrung, mit etwas verbunden zu sein, einer höheren Macht, Gott, dem du dich einfach überlassen kannst? Wie leicht, wie schwer fällt dir das?

Sprich folgenden Psalm 23, dabei alles zulassend, was dich augenblicklich bewegt, einschließlich deiner Angst, und sei offen dafür, im Sprechen oder Beten dieses Textes etwas von der Zusage bei dir zu erspüren und zu erfahren: „Ich fürchte kein Unheil, denn du bist bei mir".

„Der Herr ist mein Hirte,
nichts wird mir fehlen.

Er lässt mich lagern auf grünen Auen,
und führt mich zum Ruheplatz am Wasser.

Er stillt mein Verlangen;
er leitet mich auf rechten Pfaden / treu seinem Namen.

Muss ich auch wandern in finsterer Schlucht,
ich fürchte kein Unheil;
denn du bist bei mir,
dein Stock und dein Stab geben mir Zuversicht.

Du deckst mir den Tisch vor den Augen meiner Feinde. /
Du salbst mein Haupt mit Öl,
du füllst mir reichlich den Becher.

Lauter Güte und Huld werden mir folgen mein Leben lang;
und im Haus des Herrn darf ich wohnen für lange Zeit.

(Psalm 23)

Epilog

Sei gelassen inmitten des Lärms und Hastens ;
Bedenke, was für ein Friede in der Stille herrscht.
Soweit es möglich ist, sei im Einvernehmen mit allen Menschen.
jedoch, ohne dich selber aufzugeben.
Sprich deine Wahrheit klar aus, aber gelassen;
höre auf andere, sogar wenn es dir langweilig
und unwissend vorkommt, was sie zu sagen haben,
denn auch sie haben eine Lebensgeschichte.
Meide Menschen, die laut und aggressiv sind,
sie machen dich geistig verwirrt.
Solltest du dich mit anderen vergleichen,
könntest du eingebildet werden oder verbittert.
Es wird immer Menschen geben, die mehr können als du,
und andere, die geringer sind als du.

Freue dich an deinen Erfolgen und Plänen.
Bewahre dir die Lust an deinen Unternehmungen,
auch wenn sie nur einen kleinen Schritt nach vorne bedeuten,
denn er ist von grossem Wert in der Zeit von wechselndem Glück.
Deine Geschäfte betreibe mit Umsicht,
denn die Welt ist voller Tücke.
Aber das soll dich nicht blind machen,
auch die vorhandenen Werte zu sehen.
Viele Menschen streben nach hohen Idealen,
und überall triffst du auf Beispiele heroischen Lebens.

SEI GANZ DU SELBER.
Heuchle nicht Zuneigung vor, wo keine ist.
Sei auch nicht zynisch, was die Liebe angeht,
denn trotz der Leere und Ernüchterung

bleibt sie beständig wie Gras.
Akzeptiere freudig die Erfahrung der Jahre
und großzügig lasse los, was zur Jugend gehörte.

Wachse in der Kraft des Geistes,
um dich vor plötzlichem Missgeschick zu schützen.
Aber mache dich selbst nicht betrübt durch Fantastereien.
Viele Befürchtungen sind ein Zeichen von Müdigkeit und Einsamkeit.

Du bist ein Kind des Universums,
nicht geringer als Bäume und Sterne.
Du hast ein Recht, da zu sein.
Und ob es dir bewusst ist oder nicht,
das Universum entfaltet sich nach den ihm innewohnenden Gesetzen.
Deshalb lebe in Frieden mit Gott,
wie auch immer du ihn verstehen magst.
In dem lauten Durcheinander des Lebens
BEWAHRE DIR DEN FRIEDEN DER SEELE,
was auch immer deine Mühen und Sehnsüchte sein mögen.
Trotz aller Enttäuschungen, aller Plackerei
und unerfüllter Träume
ist die Welt doch schön.

Sei gut zu dir selber.
Sei bestrebt, glücklich zu sein.

(Geschrieben von dem amerikanischen Schriftsteller Max Ehrmann, gefunden in der St. Paul's Kirche in Baltimore.)

Literatur

Erik Erikson: The Life Cycle Completed. A Review, New York 1982

Erich Fromm: Die Kunst des Liebens, Frankfurt 1978

Daniela Heisig: Die Anima. Der Archetyp des Lebendigen, Zürich – Düsseldorf 1996

Carl Gustav Jung: Praxis der Psychotherapie, Zürich 1958

Carl Gustaf Jung: Mensch und Seele, hrsg. v. Jolande Jacobi, Olten 1971

Carl Gustav Jung: Bild und Wort, hrsg. v. Aniela Jaffé, Olten 1978

Carl Gustav Jung: Erinnerungen, Träume, Gedanken von C.G. Jung, aufg. u. hrsg. von Aniela Jaffé, Zürich 1997

Elisabeth Kübler-Ross: Soul Gifts in Disguise, in: Richard Carlson/Benjamin Shield: Handbook for the Soul, Boston 1995

Alexander Lowen: The Spirituality of the Body, New York 1990

Alexander Lowen: Bioenergetik. Therapie der Seele durch Arbeit mit dem Körper, Hamburg 1993

Thomas Merton: Freiheit in seinem Geist, Mainz 2000

Harry R. Moody: Sinnkrisen in der Mitte des Lebens, München 1997

Thomas Moore: Embracing the Everyday, in: Richard Carlson/Benjamin Shield: Handbook for the Soul, Boston 1995

Henry Nouwen: Die innere Stimme der Liebe, Freiburg 1996

Ingrid Riedel: Engel der Wandlung, Freiburg 2000

Rainer Maria Rilke: Briefe an einen jungen Dichter, Leipzig 1929

Virginia Satir: Selbstwert und Kommunikation, München 1982

Ropert Sheldrake/Matthew Fox: Die Seele ist ein Feld, München 1996

Pierre Stutz: Ein Stück Himmel im Alltag, Freiburg 2000

Henry David Thorau: Walden oder das Leben in den Wäldern, Zürich 1979

G. Wilkinson: Beten durch die Schallmauer, Düsseldorf 3/1986

Die Bibelstellen sind der Einheitsübersetzung der Heiligen Schrift, (c) Katholische Bibelanstalt, Stuttgart, entnommen.

Weiterführende Literatur mit Quellennachweis

Jurien Beumer, Henri J.M. Nouwen. Sein Leben – Sein Glaube, Verlag Herder, Freiburg 1998

Dietrich Bonhoeffer, Widerstand und Ergebung (KT 100). (c) Chr. Kaiser/Gütersloher Verlagshaus, Gütersloh, 16. Auflage 1997

Meinrad Dufner. Rechte beim Autor

Erik Erikson, The Life Cycle Completed, W.w. Norton Company, New York 1982

Erich Fromm, Die Kunst des Liebens, Ullstein Verlag, München 1978

Khalil Gibran, Der Prophet. (c) 1973 Patmos Verlag GmbH & Co. KG/ Walter Verlag, Düsseldorf und Zürich

Daniela Heisig, Die Anima. Der Archetyp des Lebendigen, Walter Verlag, Düsseldorf und Zürich 1996

Hermann Hesse, Gesammelte Dichtungen, Band V, Die Gedichte. (c) Suhrkamp Verlag, Frankfurt am Main 1952

Hermann Hesse, Gesammelte Dichtungen, Band III, Demian. (c) Suhrkamp Verlag, Frankfurt am Main 1952

Carl Gustav Jung, Praxis der Psychotherapie, Walter Verlag, Zürich 1958

Carl Gustav Jung – Mensch und Seele. Herausgegeben von Jolande Jacobi, Walter Verlag, Zürich 1971

Carl Gustav Jung – Bild und Wort. Herausgegeben von Aniela Jaffé, Walter Verlag, Zürich, 1978

Carl Gustav Jung, Erinnerungen, Träume, Gedanken. Aufgezeichnet und herausgegeben von Aniela Jaffé, Walter Verlag, Zürich 1997

Elisabeth Kübler-Ross, Soul Gifts in Disguise, aus: Richard Carlson/ Benjamin Shield, Handbook for the Soul, Little Brown and Company, Boston 1995

Alexander Lowen, The Spirituality of the Body, Mac Millan, New York 1990

Alexander Lowen, Bioenergetik. Therapie der Seele durch Arbeit mit dem Körper, Rowohlt Verlag, Reinbek 1993

Thomas Merton, Freiheit in seinem Geist, Matthias-Grünewald-Verlag, Mainz 2000

Harry R. Moody, Sinnkrisen in der Mitte des Lebens, Kösel Verlag, München 1997

Thomas Moore, Embracing the Everyday, aus: Richard Carlson/Benjamin Shield, Handbook for the Soul, Little Brown and Company, Boston 1995

Thich Nhat Hanh, Das Wunder der Achtsamkeit, Theseus Verlag, Berlin, 6. Auflage 1996

Henry J.N. Nouwen, Die innere Stimme der Liebe, Verlag Herder, Freiburg, 6. Auflage 2000

Novalis, Hymnen an die Nacht, Goldmann Verlag, München 1994

Pablo Picasso, Grüne Sonne auf schwarzem Grund, Edition Nautilus, Hamburg 1994

Ingrid Riedel, Engel der Wandlung, Verlag Herder, Freiburg 2000

Rainer Maria Rilke, Briefe an einen jungen Dichter, Suhrkamp Verlag, Frankfurt 1989

Virginia Satir, Selbstwert und Kommunikation, Klett-Cotta Verlag, Stuttgart, 14. Auflage 2000

Robert Sheldrake/Matthew Fox, Die Seele ist ein Feld, Kösel Verlag, München 1996

Hartmut Stoll. Rechte beim Autor

Pierre Stutz, Du hast mir Raum geschaffen, Claudius Verlag, München, 4. Auflage 1996

Pierre Stutz, Ein Stück Himmel im Alltag, Herder/Spektrum Bd. 3036, Verlag Herder, Freiburg, 2. Auflage 2000

Henry David Thorau, Walden oder das Leben in den Wäldern, Walter Verlag, Zürich 1979

G. Wilkinson, Beten durch die Schallmauer, KJG Verlag, Düsseldorf 1986

Die Bibelstellen sind der Einheitsübersetzung der Heiligen Schrift, (c) 1980 Katholische Bibelanstalt, Stuttgart, entnommen.